U0694912

技术信用评估
理论与实践

JISHU XINYONG PINGGU LILUN YU SHIJIAN

施利毅 梁龙男 金勋式 赵基宪◎著

经济管理出版社
ECONOMY & MANAGEMENT PUBLISHING HOUSE

图书在版编目（CIP）数据

技术信用评估理论与实践/施利毅等著 . —北京：经济管理出版社，2020.10
ISBN 978-7-5096-7311-9

Ⅰ.①技…　Ⅱ.①施…　Ⅲ.①技术评估—信用评估　Ⅳ.① F062.4

中国版本图书馆 CIP 数据核字（2020）第 139198 号

组稿编辑：张莉琼
责任编辑：张　艳　张莉琼
责任印制：黄章平
责任校对：陈晓霞

出版发行：经济管理出版社
　　　　　（北京市海淀区北蜂窝 8 号中雅大厦 A 座 11 层　100038）
网　　址：www.E-mp.com.cn
电　　话：（010）51915602
印　　刷：北京晨旭印刷厂
经　　销：新华书店
开　　本：710mm×1000mm/16
印　　张：9.25
字　　数：138 千字
版　　次：2020 年 10 月第 1 版　2020 年 10 月第 1 次印刷
书　　号：ISBN 978-7-5096-7311-9
定　　价：49.00 元

序 言

可促进投资和产业发展的技术信用评估

技术的发展是通过持续的研发和满足市场需求实现的。过去的企业成果和产业发展以规模经济和巨额资本为基础，并以此引领市场，而现在则由创新技术主导这些变革和增长。凡是在技术方面有差异化和竞争力的企业，都希望在这场变革的中心发挥重要作用。但是对于初创企业来说，即使拥有优秀的技术，也会因资金不足而无法实现技术产业化，而且这种情况普遍存在。

从投资者的角度来看，发掘和筛选优秀的企业并非易事。对于如何判断优秀的技术以及这种技术在市场上能否取得成功的不确定性总是存在。因此，如果盲目投资，就会存在很大风险。

如果要对创新技术进行客观评估，减少投资的风险因素并提高产业化成功率，就需要进行技术信用评估。即不仅要对企业的财务状况和经营环境等进行一般性评估，而且还要通过对技术的准确判断和评估提出双赢的解决方案。

本书根据韩国的经验及成果，不仅提出了技术信用评估的基本概念，还对各种具体项目的评估标准、方法和应用提出了具体要求。当然，尽管书中提出的办法尽量涵盖了所有可能的细节，但是由于不同产业、不同行业的评估项目或方法有所不同，因此仅作为参考材料，并根据专业评估机构的特点重新调整使用。不仅是现有项目，还要对详细项目和评估标准、评分等方面进行再次探讨。

数十年来，我在技术开发与产业化领域积累了许多实践和研究经验，认识到技术信用评估的重要性，因此编写了本书供相关专业机构使用。

本书可为构建技术信用评估基本体系提供指导和参考。我相信只要系统地运用已构建的体系，就能为今后中国的产业发展和企业成长提供重要的参考。

最后，对在编写本书时不遗余力地提供支持的韩国企业技术价值评价协会（Korea Valuation Association）会长金勋式和事务处长赵基宪表示感谢。

施利毅

上海大学（浙江·嘉兴）新兴产业研究院院长

目　录

第一章　理论背景

如果要正确地理解技术信用评估，那么首先要了解技术产业化和技术融资。

本书试图通过技术信用评估的基本内容和基础性说明，提供切实可行的指导。评估对象根据不同的环境、产业、领域，需要采取的方法也不尽相同。只有充分反映专家对评估要素的客观意见，评估的准确性和可靠性才会提高。因此，可以以本书的实务指导为基础，由专业评估机构制定和总结适当的评估标准和结论。各专业评估机构为了构建这样的评估标准，应该对人才的教育及培训、业务能力的培养付出更多的努力和投资。

第一节　技术产业化

技术产业化在技术创新过程中，可实现一种良性循环结构，即基础研究和应用研究等研发活动结束后，从样品制作阶段开始，经过试生产、构建量产系统、营销及营业活动，将收益再投资于研发形成新一轮技术开发。

狭义的技术产业化是指发展已有的创意或技术，经过样品制作和生产，在市场上推出并销售产品的一系列过程。而广义的技术产业化不只局限于开发和提供产品或服务，还包括通过技术或创意获得收益的所有相关活动。

另外，技术产业化成功的定义不仅是产品进入市场，还包括确保企业获得比投入到开发或生产的费用更多的收益、超过盈亏平衡点（Break Even Point，BEP）创造附加值的情况。

这样的技术产业化需要研发、投资、生产、营销等综合功能，在各阶段发挥应有的作用时，其价值也会提高。值得一提的是，技术产业化只有在包含作为核心内容的人力资源的组织实力和技术实力相互协调，与内、外组织形成紧密的合作前提下才能提高成功的可能性。

如表 1-1 所示，技术产业化可以直接、间接地表现为多种类型，通过这些类型可以得知发展技术或创意以及创造收益的方法。并且通过这些多样化的类型，可以得知技术信用评估的影响力在技术产业化方面的重要性。此外，对于多种类型的技术产业化，应该从不同的角度考虑，以做出更客观的技术信用评估。

表 1-1　技术产业化的类型

类型	内容	方式	产业化
转让	技术所有者向引进者转移技术所有权	转移 / 交易	间接
授予实施权	技术所有者向引进者授予技术的实施权	转移 / 交易	间接
技术指导	技术所有者向引进者提供技术培训或训练（转让或授予实施权时一起进行）	转移 / 交易	间接
共同研究	技术所有者以技术转移为目的，与引进者共同进行研究	转移	间接直接
技术创业	技术所有者的研究人员等职员转移了职务发明后进行创业或参与创业	转移	直接间接
合作投资	技术所有者与引进者合作设立新企业（技术所有者是公共机构时，以实物投资的方式参与）	投资 / 转移	间接直接
控股公司	技术所有者成立技术控股公司（以持有的技术作为资本进行投资，成立子公司）	投资 / 转移	直接间接
兼并收购	技术引进者为了促进产业化，对持有技术和经营基础设施的技术所有者进行兼并收购	交易	间接

一般情况下，技术的成熟度越高，技术产业化成功的可能性就越高。为了消除研发者和技术转移企业对技术成熟度的理解差异，技术成熟度（Technology Readiness Level，TRL）的概念被提出，并以此为标准进行应用。技术成熟度是 1989 年首次由美国国家航空航天局（NASA）以管理航天产业的技术投资风险为目的提出的，并作为对核心技术的客观性、一致性指标被广泛应用。不同的技术领域或产业阶段的技术成熟度略有差异，因此需要恰当应用。

如图 1-1 所示，一般情况下，TRL5、TRL6 阶段被称作样品阶段，TRL7、TRL8 阶段被称作产品化阶段。如果达到 TRL9 阶段，则视为通过正式量产，成功实现产业化。

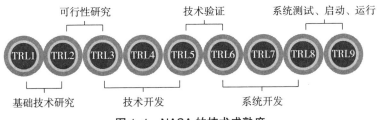

图 1-1　NASA 的技术成熟度

在技术信用评估方面，虽然根据不同的技术或产业特点多少会有一些差异，但是技术达到 TRL6、TRL7 阶段时，产业化成功的可能性较高，因此被视为主要评估对象。当然，这并不意味着 TRL5 阶段以下的技术是失败的，而是意味着在产业化方面存在困难。

这意味着在进行技术信用评估时，评估对象技术所处的阶段会对评估结果产生重要的影响。

可称作技术产业化最终阶段的产品或服务，在推出阶段未必能创造收益并为企业提供积极的价值。产品在市场推出后，经过初期市场的积极反应并走向大众化，才能判断其在市场中成功与否。

实际在市场上推出的大部分产品都通过了早期采用者（Early Adopter）阶段，但是无法均能过渡到早期大众（Early Majority）阶段，硅谷的顾问杰弗里·摩尔（Geoffrey A. Moore）将市场扩张失败的断层地带称为"鸿沟"（Chasm）。

在市场中存在积极购买或使用技术的顾客之外，还存在不够实用就不购买的顾客。杰弗里·摩尔表示技术采用生命周期（Technology Adoption Life Cycle）模型显示了市场的接受过程，并提出需要新的营销战略来跨越"鸿沟"，以此进入主流市场（见图1-2）。

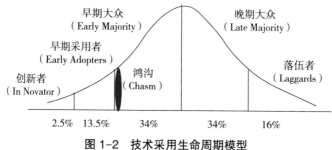

图 1-2　技术采用生命周期模型

如果已经提出了具体的战略，那么就可以判断该产品在市场中具有很高的成功可能性，在技术信用评估方面也可以获得较好的评级。

由于许多关于技术产业化的内容对技术信用评估产生直接的影响，因此必须熟悉这些基本事项才能得出恰当的、可信度高的结果。

第二节　技术评估

对技术特点或价值等进行评估的技术评估，根据其结果可分为技术实力评估和技术价值评估。技术实力评估是指对技术趋势、技术预测、技术水平、技术影响、研发可行性、经营可行性、技术经济性等多种因素进行分析，用等级或数值进行评估的方法（见表1-2）。技术价值评估是指通过技术产业化，对收益的风险因素与技术性、市场性、商业性及主体的实力等进行评估后换算成当前价值，并以定额的方式进行计算（见表1-3）。更广义的技术评估包括技术开发对社会产生的影响或对产业、政策的贡献。

表 1-2　技术实力评估的类型

类型	内容
技术趋势评估	对象技术的研究主体、研究方向、技术差异、市场反应等
技术预测评估	对象技术的属性、实现时间、实现可能性预测、德尔菲法（Delphi Method）
技术水平评估	各种技术水平分析，与竞争对手的技术水平进行比较
技术影响评估	对政治、经济、社会文化、环境等领域产生的影响
研发可行性评估	反映研发的必要性、投入的经济性、目的的合理性
经营可行性评估	考虑经营的必要性、生产的可能性、市场竞争力、收益性
技术经济性评估	技术相关项目的经济性，与投入的资金相比产出价值的大小

表 1-3　技术价值评估的类型

种类	内容
等级评估	对评估对象进行评级的方法［通常使用 5 级李克特量表（Likert Scale）］
数值评估	对评估对象进行评分的方法（对整体或各项目评分的方式）
叙述评估	对难以转换为数值的内容进行评估（评估定性内容）
价值评估	以交易为前提或以支付意向为基础的货币价值方式的评估

　　随着经济社会从有形生产设备为主的实物经济转换成以无形资产为主的知识经济，从大企业为主的不均衡经济增长政策转变成以强化产业竞争力为目标，将大企业和中小型高新技术企业作为两轴的均衡发展政策，技术评估变得越来越重要。

　　此外，随着企业并购、合作投资、设立分公司、战略性合作等业务迅速增加，金融制度逐步从保证或担保为主转换成以信用为主。这也带动了市场对技术评估的需求。

　　技术评估可以分为三种：第一种是科技人员只对技术本身的评估；第二种是从微观角度评估社会经济属性的技术性评估；第三种是反映整个社会宏观内容的技术影响评估。

　　技术性或技术影响评估不仅要反映技术专家的意见，还要反映市场或产业化专家的评估意见。归根结底，技术评估应该同时涉及包括技术在内的市场或政策。此外，社会的法规和制度等因素也对技术评估产生重要的影响。

进行技术评估之前，有些内容必须加以确认。首先要判断评估对象是社会性技术还是个人技术，其次要确认分析的目的和评估的角度及立场。

此外，需要优先确认的内容有评估对象是技术本身还是技术实力水平、评估时是否考虑收益，而且评估方法也要优先确定。

第三节　信用评估

一、信用评估的概念

信用评估是指相关的专业机构根据特定评估对象企业的各种环境等因素对信用度进行评估，分析在约定期限内偿还债券或负债的可能性，并以此进行等级化。

信用评估包括有关债务证券的第三方独立机构在直接金融市场上进行的信用评估，以及银行或金融机构执行内部决策的间接金融市场的信用评估。

信用评估的一般程序首先是进行评估委托和协议签署，并且主要由有公信力的机构执行这些评估。其次提交有关材料、建立工作组，与管理层和主要负责人面谈、收集和分析产业及市场资料。以这些基本资料和分析内容为基础，通过由相关领域专家组成的评估委员会决定等级，并将决定的等级通报给被评估者，征得其同意后，最终将等级决定书发送给企业并予以公示。首次通知的等级将作为定期评估、随时评估及等级监督的事后管理对象，通过重新评估后予以公示。

为了保持信用评估的系统性和一致性，银行业开发了适合的模型，并根据这个模型给予评分，即主要通过财务评估模型、非财务评估模型以及现金流量表等进行评级。

如表 1-4 所示，对期限在一年以上的长期信用等级进行评估时，使用最多的是美国代表性信用评级公司——标准普尔（Standard & Poor's, S&P）的方式。而穆迪（Moody's）公司也采用类似的方式，将评估等级分为投资等级与投机等级。评估长期信用等级的代表性有价证券是公司债券（Corporate Bond）。

表 1-4　长期信用等级的类型

区分	投资等级	投机等级
标准普尔（S&P）	AAA/AA/A/BBB	BB/B/CCC/CC/C/D
穆迪（Moody's）	Aaa/Aa1/Aa2/Aa3/A1/A2/A3/Baa1/Baa2/Baa3	Ba1/Ba2/Ba3/B1/B2/B3/Caa1/Caa2/Caa3/Ca/C

长期信用等级（Long-Term Credit Rating）应参考前文提到的信用评级公司的等级，再根据当地的实际情况进行调整，构建适合的体系。韩国在标准普尔（S&P）等级中增加了 D 级，在大部分情况下使用 10 个等级。但是评估结果为相同等级时，会为了保持相对的差异而附加 "+" 和 "–" 符号使用。例如，A+ 级优于 A 级，A 级优于 A- 级。

长期信用等级必须包括评级展望（Rating Outlook）。评级展望是信用评级公司以特定的标记方式表示对未来等级上升及下降可能性的看法（见表 1-5）。例如，"A/Stable" 的意思是指 "目前公示的等级是 A"，而且未来保持 A 级的可能性很高。美国从 20 世纪 90 年代开始引入这种评级展望，目的是为了保护投资者和企业，通过提供等级方向性的最少信息就能够应对突然的变化。

表 1-5　信用评级展望

区分	详细内容
正面（Positive）	等级在中期有上升的可能性
稳定（Stable）	等级在中期变动的可能性低（并不意味着经营稳定）
负面（Negative）	等级在中期有下降的可能性
发展（Developing）	不确定性高，难以判断中期变动方向

属于短期信用等级的主要有企业票据信用等级。企业票据与一般的商业票据不同，企业票据只以筹集资金为目的发行。因为本息偿还期限在一年以内，所以称为短期信用等级。

从全球三大信用评级机构的短期信用等级划分上看，穆迪（Moody's）分为四个等级，标准普尔（S&P）分为六个等级。标准普尔（S&P）的 A 级是适合投资，B 级和 C 级是注意投资，D 级是不适合投资。惠誉（Fitch）也和标准普尔（S&P）一样，分为六个阶段，F 级是适合投资，B 级和 C 级是注意投资，D 级是不适合投资（见表 1-6）。

表 1-6　短期信用等级的类型

穆迪（Moody's）		标准普尔（S&P）		惠誉（Fitch）	
等级	信用状态	等级	信用状态	等级	信用状态
P-1（Prime-1）	非常优秀	A-1	非常优秀	F-1	非常优秀
P-2（Prime-2）	优秀	A-2	优秀	F-2	优秀
P-2（Prime-2）	适合	A-3	适合	F-3	适合
NP（Not Prime）	非优质	B	注意投资	B	注意投资
		C	存在偿还风险	C	存在偿还风险
		D	不能偿还	D	不能偿还

短期偿还能力的重点是企业短期流动性风险及其替代能力，而长期偿还能力的重点是通过经营创造现金流的能力。

长期信用等级和短期信用等级可以附加信用观察（Credit Watch）符号。特别是影响等级的特定事件发生或因环境变化需要重新审查现有等级时，需要附加信用观察符号。

例如，会计欺诈被揭发、发生大规模贪污事件、职员的非法行为、影响公司存亡的自然灾害等无法预测的突发情况发生时，会附加信用观察符号。这样的信用观察符号有三种类型，如表 1-7 所示。一般情况下，信用观察会有 90 日以内的观察期，但在不得已的情况下，也可以延长。

表 1-7 信用观察的符号与内容

区分	详细内容
↑上调	考虑信用等级上调的可能性
↓下调	考虑信用等级下调的可能性
◆不确定	考虑信用等级的不确定性

二、信用评估的方法

因为影响偿债可能性的主要因素与企业外部及内部因素有复杂的联系，而且不同的行业有着不同的特点，所以不能简单地评估企业的信用等级。信用评级公司每年发放评估各行业的方法论，以供相关机构或企业使用。

1. 长期信用等级

在长期信用等级方面，对外主要公开三种信息：

第一，提供结合经营风险和财务风险，并最终确定信用等级的一般评级决策方法。

第二，提供各种等级的财务比率统计量和分布，为内部专家及用户提供可预先进行分析的指导。

第三，区分并提供各行业的定量、定性财务评估要素，参考最相似的行业评估报告，为信用评级公司掌握行业的重要因素提供支持。

信用等级通过综合分析经营风险和财务风险得出，最近还额外考虑了组织风险因素。可确认经营性现金流的持续创造可能性的经营风险，能够以企业的经营活动为基础评估行业风险和个别企业的竞争力项目。

财务风险是在借款、增资和财务担保等筹资活动和非经营活动中可能发生的风险。而组织风险比经营风险或财务风险更重要，需要根据管理层结构的稳定性、组织或运营体系的稳定性、人员风险等进行综合判断（见表 1-8）。

表 1-8 对长期信用等级产生影响的风险与评估因素

区分		评估因素
经营风险	行业风险	行业概要、经济周期、生命周期、供需分析、生产风险、竞争结构等
	经营风险	业务构成、市场占有率、竞争力、经营战略、利润创造能力等
	经营管理风险	管理层结构、经营能力、人事政策等
财务风险	财务风险	销售结构、收益结构、稳定性、流动性、现金流、资产质量等
子公司的风险		子公司之间的紧密程度、子公司整体的信用

信用评级不是单纯地平均经营风险和财务风险，而是先从两者中选择低的等级，然后再考虑高等级弥补低等级的效果，并以此进行判断。即使企业经营得很好，如果在财务方面偶然发生债务或需要立即对子公司提供支持，则要优先考虑财务风险。反之，即使财务结构很稳定，如果经营实力不足，则要优先考虑经营性现金流风险。

在信用评估中，与发展性相比，更重视的是稳定性。冒险而轻率地开展经营活动或勉强进行企业并购（M&A）不会产生积极影响。

如果通过经营活动创造的现金流是相同的水平，那么企业为了获得更高的信用等级，就必须确保更多的财务弹性。财务弹性（Financial Flexibility）是指用于偿还债务的准备金不足的情况下，出售不动产、股票等资产或通过其他方法筹集资金的能力。

在不同的行业和不同的领域，对现金流产生影响的核心指标有很大的区别。这种核心指标可通过参考信用评级公司公布的各行业评估方法报告来掌握。对于主要行业，可运用个别行业的评估方法。这种个别行业的评估报告中显示了产生特殊作用的评估要素，并且由经营风险和财务风险的主要项目组成。评估经营风险和财务风险时，对主要的评估指标设定权重，并根据各种指标和行业的特点，制作反映等级条件和标准的等级一览表后进行评估。

信用评估不能仅凭财务比率来判断，因此单纯通过财务比率难以评估信用等级。但是通过收集已评级企业的大量数据可以得出一种倾向性，这有助于进行分析。为此，信用评级公司会收集各种行业的财务比率分析内容作为评估参考资料。

2. 短期信用等级

确定短期信用等级时，会以企业短期流动性管理能力作为非常重要的判断因素。企业短期流动性风险会根据到期日在一年以内的借款偿还金额和这期间的应对能力而有所差异。并且对短期偿还义务和可筹集的资金来源进行比较和分析。

一年以内的短期偿还义务借款包括短期借款，而在长期借款中也包括期限在一年以内的流动性长期负债、经营租赁、票据贴现、支付担保等偶发债务。

履行短期偿还义务的首要选择是通过营业活动创造的现金流。从现实情况来看，由于很难创造满足短期偿还日和金额要求的现金流，所以大部分企业直接或间接通过金融市场筹集资金，或者出售持有的金融资产或有形资产，有时还通过资产增值偿还。短期流动性风险可通过借款分析、企业金融资产现状分析、短期资金收支预测、缺乏资金时的应对能力分析等进行判断。

进行借款分析时会判断短期偿还风险水平，主要使用的指标是流动比率、短期借款与总借款的比率、短期借款与短期金融资产的比率、短期借款与经营活动现金流的比率、短期借款偿还系数、流动性系数等项目。

三、信用评估模型

一般情况下，信用等级都是通过专家的综合判断来决定，但是目前对评级过程进行流程化、系统化的模型正在增加。

信用评估模型使用的方法和模型主要有评分模型（Scoring Model）、统计推断（Statistical Inference）方法、以股价为基础的模型、人工智能（Artificial Intelligence）等，信用评估模型由系统性的评估流程组成。

评分模型是将主要因素清单进行结构化并以分数形式得出结果的方法，而且很多银行一直在使用该方法。与此同时，多个投资机构和银行还引进了判别分析（Discriminant Analysis）、多元回归分析（Multiple Regression Analysis）、评定模型（Logit Model）等统计推断模型、人工智能模型和以股价为基础的模型等。

统计推断模型是指根据企业在过去是否有破产经历，由企业将信用等级区分指标作为从属变数，并将相关企业的财务及非财务指标作为独立变数得出的模型。其中，最广泛使用的是评定模型（Logit Model）。

以股价为基础的模型是指根据企业的预期资产价值越接近于预期负债价值，其破产可能性就越高的事实，将企业偿还债务后的股份价值解释为看涨期权（Call Option），并以此计算预期破产率的模型。

第四节 技术融资

如果要促进和发展技术信用评估，首先要了解技术融资（Technology Financing）的含义。技术融资是指对拥有优秀技术，但因缺乏经营资金而在产业化方面面临困难的技术创业及中小企业，不要求其提供担保或保证，只对拥有的技术进行评估就可以提供必要的资金支持，即技术融资评估的重点不是企业的财务状况，而是对拥有的专利等无形资产的竞争力和优势进行评估，是提供技术产业化资金的融资方式之一。

技术创新活动离不开技术融资，通过恰当的技术评估可以判断资金支持的适当性。在技术开发初期阶段，企业会得到政府或企业的研发（R&D）资金支持。而在实现销售、扩大市场的产业化阶段，则通过政策性融资或风险投资公司获得融资和投资。

技术融资以技术为基础，因此与一般的融资有所区别。技术融资由于技术特点会造成信息不对称，因此金融机构在提供资金时面临诸多困难。为了解决这个问题，金融机构必须积累对企业的知识和经验，通过长期的了解以降低不确定性。但实际上，由于技术企业很难通过市场得到稳定的资金供应，因此只有从政策上得到资金支持，才能通过长期的技术创新实现产业发展。

技术融资可以通过多种类型提供支持。技术担保通过评估企业拥有的技术，参考核定的技术价值后进行贷款，是最普遍和最常用的支持方式。

技术评估担保结合了技术评估和融资功能，对拥有优秀的技术实力，但是营销或经营业绩不佳的企业进行以技术实力为主的审核，并以此提供担保。然后以政府机构签发的技术担保书作为媒介，可以使其在银行等金融机构得到贷款。

进行技术评估担保时，不仅评估技术实力，还会评估市场和商业性等，将未来的发展潜力作为重要因素，并且以技术开发和产品化及量产的未来所需资金作为标准，决定担保金额。技术评估分为两种：第一种是为持有专利权的中小企业产业化提供支持的专利技术价值评估担保。第二种是能够在两年内完成产业化时可提供的研发（R&D）支持担保。

技术评估认证制度通过系统性的技术评估标准，对优秀的技术进行评估后，将结果提供给金融机构等多数利益相关者，并应用到投资、融资、企业并购（M&A）、技术交易等领域。该技术评估认证制度采用了一种方法，即由具有公信力的机构进行评估后，银行以此为基础进行审核，并根据审核结果提供信用贷款。

技术评估认证书方式的信用贷款可以通过技术评估支持企业成长或产业化，向担保能力不足的创新型中小企业提供技术融资。为了通过这样的技术融资促进产业发展，最重要的是政府机构和金融机构联合起来构建在线系统，使用优质信息建立数据库并相互合作。此外，在近期技术融资中发挥着重要作用的是通过风险投资公司进行的投资、作为创业初期个人投资者的天使投资、众筹、社会资金等。

第二章 技术信用评估

韩国的技术金融有多种提供方式。如果银行委托技术信用评级机构评估企业的技术信用，那么需要签订协议后再进行评估，而评估的手续费一般由银行承担。

第一节 技术信用评估的业务流程

技术信用评估的目的是向有技术实力的企业提供融资支持，因此在评估之前要事先确认申请企业是否符合条件。

通常制造业和创新型知识服务业被视为拥有技术实力的对象，尤其是知识密集度和经济带动效应突出的企业被视为主要对象。当然，即使不属于这样的行业，如果被认为技术实力强，也可以成为评估对象。但对赌博、奢华娱乐业、房地产等行业，金融机构会限制提供担保。

申请技术信用评估时需要提交的基本资料有技术项目计划书、法人登记事项证明书、社会保险参保人名册、研发人员状况、附属研究所证书、技术开发业绩、知识产权持有现状、年度订单现状、公司介绍资料以及财务报表等。

如图2-1所示，技术信用评估的主要业务流程是首先受理申请材料，其次通过初步预审实施现场考察与评估。进行初步预审时，以技术项目计划书为参考标准调查同行业的现状、市场状况、技术现状等，并以此为基础进行详细的现场考察。实施现场考察后，要求提供必要的文件或资料，并在完成二次考察等步骤以后，制作技术信用评估报告。

图 2-1 技术信用评估流程

进行初步预审时，需要掌握所申请的技术权利（见表 2-1）。如果申请的技术拥有工业产权权利，那么要通过登记资料确认权利事项。如果有技术转移等事项，则必须确认合同等文件。此外还要了解申请技术的要点和内容、类似技术的存在与否、独创性、差异性以及进行程度和成熟度。

表 2-1 预审、现场考察及评估的主要内容

预审	现场考察及评估
技术权利	技术内容及市场性评估
技术内容	技术开发实力评估
企业经营能力	技术产业化可行性及成功可能性
财务状态及经营现状	财务 / 营业现状、金融交易
所需资金	筹资计划的合理性

如果要掌握申请企业的技术经营能力，首先，需要以经营者的技术知识和经验水平、技术开发人员现状、技术认证及技术开发业绩等作为基础进行调查。其次，还应该进行财务状况、销售状况、最近的营业状况等事前调查，查询法定代表人和实际经营者以及核心开发者的信用信息，分析技术开发所需资金的用途和适当性、目前的担保现状等财务状况和经营事项。最后，还要调查开发技术所需资金的规模在产业化阶段是否合理，并且确认目前所支持的项目是不是相关支持对象。

进行现场考察及评估时，需要掌握技术概要、评估开发产品的技术事项、确认核心技术的独创性、差异性和模仿的可能性，并对申请技术进行全面的评估。尤其要掌握申请技术是否与现有项目有关联性，是否在战略上具有一致性。此外，还须确认是否拥有生产设备以及运转现状

等，并调查产品化的可能性和产品生产能力。

对申请技术进行产品化时，需要预测市场规模，确认相关产品现状和市场结构，调查企业具备的营销及运作能力，确认未来进入市场的可能性、发展潜力、政策法规等。

此外，还要确认经营者的技术经验、技术开发组织、人员、设备等技术开发能力，审核能够客观地确认技术实力的资料。之后确认已发生的销售和订单现状，确定技术产业化的战略可行性及成功可能性，综合判断产业化的成功对企业带来的影响。确认主要客户的现状、最近的经营活动内容、财务信息、技术开发者和经营方面的所有事项。核对项目所需资金的内容和规模，了解未来的筹资方案、额外需要的人员、费用和设备。

第二节　技术信用等级的构成

技术信用等级通过结合技术等级和信用等级进行计算。具体方法是对每个等级设定权重并计算最终的评分以后，标示出与相关评分匹配的技术信用等级。技术等级是对企业拥有的技术竞争力和技术产业化实力进行综合评估，显示未来发展潜力的等级。信用等级是对企业的财务情况等进行评估，显示未来不履行债务风险的等级。技术信用等级以过去的财务信息为基础，结合技术的未来发展性后计算得出。

通常技术评分与信用评分的结合比例为 3∶7 或 4∶6，信用评分比技术评分有相对较高的权重。

在等级体系中，一般分为 10 个等级。技术等级为 T1~T10 级，信用等级为 AAA~D 级。而一部分等级细分为"+""-"，共分为 18 个等级（见表 2-2）。通常进行信用评估时，都会使用等级体系。韩国的技术信用等级和信用等级使用了韩国金融监督院（Financial Supervisory Service）提出的违约概率（Probability Default, PD）。在中国进行技术信用评估时，应该以此为基础进行适当的调整。

表 2-2　各技术信用等级的 PD 值　　　　　　　单位：%

等级		PD 值	备注
AAA		0.02	优秀
AA		0.04	
A	A+	0.08	
	A	0.18	
	A-	0.30	
BBB	BBB+	0.43	良好
	BBB	0.63	
	BBB-	1.05	
BB	BB+	1.20	一般
	BB	1.60	
	BB-	2.18	
B	B+	3.25	
	B	4.75	
	B-	6.35	
CCC		8.60	较差
CC		15.00	
C		60.00	
D		Default	违约

通过技术信用等级可以掌握经过计算得出的信用等级受到技术等级影响后发生的变化。技术信用等级高于信用等级意味着优秀的技术实力降低了不履行债务的风险。通常认为 A- 以上为优秀，BBB-~BBB+ 为良好，B-~BB+ 为一般，C~CCC 为较差，D 等级为违约。各技术信用等级的定义如表 2-3 所示。

例如，评估对象企业的信用等级为 BB，技术等级为 T2，最终的技术信用等级被评估为 BBB 时，则意味着优秀的技术实力得到体现，得出与现有的信用等级（BB）相比高出三个等级的技术信用等级（BBB）。评估对象企业的破产概率仅从信用等级考虑时为 1.60%，但是体现了技术等级以后，最终的技术信用等级可以评估为 0.63%。

表 2-3　各技术信用等级的定义

等级	反映企业技术竞争力及技术产业化实力的信用状态
AAA	最高等级
AA	非常优秀，比 AAA 稍差
A	优秀，与上一等级相比，在未来安全性方面存在若干不确定的因素
BBB	良好，与上一等级相比，可能会受到经济条件及环境变化的影响
BB	较好，但是根据经济条件及环境变化，存在信用状态变差的可能性
B	一般，目前在支付本息方面没有问题，但是未来存在一些不履行债务的风险
CCC	较差，目前在支付本息方面没有问题，但是未来存在一些支付本息的问题和不履行债务的风险
CC	目前与未来都存在不履行债务的可能性

第三节　技术信用评估报告的结构和内容

　　技术信用评估报告分为标准、简式和深层三种。简式评估报告与标准评估报告相比，不包含对技术及市场的分析意见和确定等级的详细意见。本书中提及的技术信用评估报告引用了韩国技术担保基金（Korea Technology Finance Corporation）所应用的内容和格式。因此，有必要根据不同国家、不同机构、不同产业、不同行业的特点进行调整。技术信用评估报告的主要内容如表 2-4 所示。

表 2-4　技术信用评估报告的主要内容

主要目录	主要内容
封面	技术等级 / 信用等级 / 技术信用等级的符号 总体意见及评级机构名称（评估日期）
企业现状	企业概要、主要技术及人员现状、企业历史、商业模式（BM）
各项目的评估结果	对各项目（经营实力、技术竞争力）的评估结果和等级
简要的评估意见	有关经营实力及技术竞争力的二级项目评估意见

主要目录	主要内容
技术及市场分析	技术概要及特点（包含对知识产权的内容） 市场概要及特点（行业及市场竞争力分析等）
详细的评估意见	对经营实力及技术的详细评估意见
参考资料	对等级的定义及违约概率（PD值）、对等组（Peer Group）分析等

发行技术信用评估报告时需要注意的是报告中记载了企业的重要信息，因此未经发行机构同意，不得擅自复制、发布。此外，报告应记载发行后的有效期限（通常为一年），并声明该报告未反映发行日以后的企业变动内容。

此外，还要声明发行机构对企业利用本评估报告进行的决策或所发生的问题不承担责任，而且必须事先通过合同约定。技术信用评级机构按照银行的委托发行技术信用评估报告，详细内容如下：

一、封面

首先，封面上的题目是"技术信用等级评估确认书"，发行编码由机构名称、年度、评估类型、发行序号组成。这些内容只要符合发行机构的标准格式和体系即可。

其次，记载技术信用等级、技术等级及信用等级、企业概要。企业概要包括公司名称、法定代表人姓名、企业编码、地址、联系方式、成立日期、财务结算日期、评估委托日期、评估报告发行日期、提交机构、用途等。

再次，记载总体意见和咨询意见，通过这些意见可以确认评估对象企业的技术等级和信用等级的评估内容，与现有的信用等级相比最终的信用评估等级的变动情况。

编写总体意见时，对评估对象企业的技术优势和特点、经营现状或商业模式进行简要的整理。

编写咨询意见时，通过现场调查和采访，对评估对象企业拥有的优点、缺点、战略、前景等内容，提出需要补充的内容或发展方向等评估者的咨询意见。

最后，填写发行机构的名称并加盖公章，以此提高可信度。

二、企业现状

企业现状应记载执行本次评估的人员和验收者的信息，如果有多位评估人员时，应记载所有评估人员。

关于企业现状，应该对企业的概要、各种经营项目的主要技术现状、知识产权清单、核心技术进行简要的整理。如果企业经营多种项目，则计算各种项目的销售额和销售额比重、战略性重要程度后设定其权重。为了计算权重，不应该单纯以定量资料为基础，还要通过采访法定代表人或相关负责人充分反映出经营战略、未来展望等。

三、各项目的评估结果

各项目的评估结果通过概括各三级项目的评估结果得出。每个三级项目的评估结果以五个等级［（A）优秀、（B）良好、（C）一般、（D）较差、（E）非常差］表示，综合三级项目评估结果后评估二级项目，综合二级项目后最终评估一级项目。

对企业进行整体评估时，需要进行经营实力评估，详细评估项目如表2-5所示。

表2-5　经营实力的详细评估项目

一级项目	二级项目	三级项目
经营实力	企业经营者	同行业经验水平
		技术知识水平
		技术理解度
		经营管理能力
		技术经营战略

一级项目	二级项目	三级项目
经营实力	管理能力	技术人员管理
		管理层的专业知识水平
		参股程度
		与企业经营者的关系及团队协作
	技术开发能力	技术开发部门
		技术（设计）人员
		技术开发成果及获奖（认证）经历
		知识产权的持有现状
		研发投资
	产品化实力	生产实力
		投资规模的适当性
		筹资能力
	收益前景	营销实力
		客户的多样性及稳定性
		回收投资的可能性

如表 2-6 所示，技术竞争力评估是对技术经营领域的评估，不仅评估技术本身的内容，还评估市场现状或产品优势。

表 2-6　技术竞争力的详细评估项目

一级项目	二级项目	三级项目
技术竞争力	技术创新性	技术的差异性
		模仿难度
		技术在生命周期中的位置
		技术的成熟度
		技术的自主化程度
		技术溢出效应
	市场现状	目标市场的规模
		市场的增长性
		竞争情况

续表

一级项目	二级项目	三级项目
技术竞争力	市场现状	法律、法规等制约及积极因素
	产品优势	知名度
		市场占有率
		与竞争产品比较时的优势

四、简要的评估意见

编写简要的评估意见时，在各项目的评估结果中记载二级项目的定性意见即可。关于经营实力部分，需要提出对企业经营者、管理能力、技术开发能力、产品化实力、收益前景的简要意见。关于技术竞争力部分，只要对技术创新性、市场现状、产品优势提出简要的意见即可。当然，这些意见还要为三级项目的评估结果提供依据。

五、详细的评估意见

详细评估意见是各三级项目及二级项目的评估依据，仅在标准评估报告中编写。尤其以图表方式表现各三级项目的评估结果时，会使读者一目了然。此外，详细的评估意见还具体体现了评估对象企业核心技术的技术性，并在市场性分析中提出了应用核心技术的产品市场性、竞争优势等方面的详细分析意见。

经营实力项目包括有关企业经营者的详细内容，即在项目中体现法定代表人是实际经营者还是法定代表人之一、经营形式是创业企业还是企业家二代继承的企业、从事该行业的年限。并且体现了最终学历和主要工作经历，作为判断企业经营者是不是特级技术人员和技术理解程度的依据。

对于管理能力，则利用有关管理层的专业知识水平和技术人员管理的矩阵表，确认核心技术人员的离职情况或雇用新职员的业绩，并确认是否具备有关技术开发的评估及目标系统。另外，将管理层和企业经营者的关系及团队协作与资本参与度进行比较，评估管理层之间决策的合理性和对管理层结构产生的变化。

在技术开发能力方面，确认技术开发环境、技术人员现状、技术开发业绩、知识产权持有现状；在产品化实力方面，分析是否拥有生产设备、与其他企业的合作关系、生产竞争力等生产实力，评估未来是否制定投资计划和实现可能性、筹资能力等，尤其要掌握负债率、销售额与融资成本的比率。

对于收益前景方面，评估营销实力、客户的多样性及稳定性、回收投资的可能性；在营销实力方面，确认是否通过客观的资料合理地进行了市场规模分析、竞争者分析、营销组合、宣传战略、广告等方面的战略。另外还要分析客户的多样性、客户是否存在限制、新客户的开发等。

通过分析影响利润结构的技术生命、销售额与利润规模的比率等，判断回收投资的可能性。通过综合分析销售额及利润的增长趋势、各经营项目的销售比重、获得新订单的情况、营业状况等判断等级。

第三章　技术信用评估的详细评估项目及主要内容

第一节　经营实力评估

一、企业经营者

1.同行业经验水平

通常以技术为基础的中小企业,大部分是企业经营者为了将自身拥有的技术进行产业化而设立的。为了成功实现产业化,不仅要了解技术,还要了解相关的行业。为此,需要通过企业经营者的产业化实力及同行业工作经历进行定量评估,并且还需要考虑以下事项:

第一,与相关领域的行业一致时,可以视为同行业的工作经历。

第二,关于工作经验,以经历证明为基础,可以通过确认经营计划及面谈等方式掌握。

第三,为了确认有在销售多种技术产品的企业工作过的经历,需要一种计算的标准。

第四,各行业有着不同的产品变化及行业发展速度,因此应该对不同行业的经历采用不同的认定标准。

通常,电气、电子及 IT 领域与机械及化学领域相比产品周期较快,因此即使在 IT 领域的行业工作经历比化学领域时间短，但是对 IT 领域同行业经验水平的评估项目等级可能会更高。另外，在评估融合技术时，可以认定与其中的一种技术有关的行业都是同行业。

2. 技术知识水平

了解企业经营者的相关技术领域知识水平时，通过确认企业经营者的学位、专业、资格证及工作经历等进行综合判断。进行评估时，学历和经历可以相互作为补充。判断技术知识水平时，可以通过记载学历情况的简历和面谈等进行确认。为了做出正确的判断，还可以要求提交相关证明。

可能有人认为企业经营者的经验水平已通过"同行业经验水平"项目进行评估，如果再通过"技术知识水平"考虑就是重复的评估。但是同行业经验水平评估是间接地评估企业经营者对相关行业趋势的预测能力、对企业及产品竞争关系的理解程度等方面的项目，而技术知识水平项目中所指的经验水平，属于以经验为基础，在积累相关技术领域的知识时获得的经验。

对于经营融合技术的企业，企业经营者很难同时拥有所有相关技术的学历和经历，因此只具备融合技术中的一种也可以得到认可。

3. 技术理解度

技术理解度是指评估企业经营者对相关技术的理解程度的项目。这个项目只有通过面谈才能确认，并且还要综合考虑其经历和学历等事项。

这里要注意的是不能混淆"技术知识水平"与"技术理解度"的概念。技术知识水平是以企业经营者的学历和经历为基础，对在相关技术领域掌握的技术知识进行的定量评估，而技术理解度相当于对评估对象技术的理解程度进行的定性评估。

例如，申请技术信用评估的企业是开发游戏软件的企业，经营者是计算机专业毕业，并在游戏开发企业积累了经验后创办了企业。但是如果评估对象技术是关于有效整合及管理游戏数据方面的技术，那么即使技术知识水平再高，也可能具有较低的技术理解度。

4. 经营管理能力

一般情况下，以中小型高新技术企业的条件很难雇用全部所需人员，拥有技术的企业经营者必须直接参与管理，因此需要评估其经营管理能力。归根结底，就是确认企业经营者的产业化意愿及产业化实力。

主要评估项目如下：

（1）获取对经营有利的信息和开拓销售渠道的水平；

（2）是否掌握企业经营所需要的财务会计知识；

（3）核实经营者在经营方面的可靠性，例如，是否拖欠工资、亲属是否参与经营等。

此外，还要确认经营者在经营企业时会涉及的多种项目。特别是开展融合项目时，根据合作伙伴之间的关系、共有知识产权的运用方案等因素，需要确认的内容可能有所不同。

5. 技术经营战略

定义技术经营时，很难单纯地将技术嫁接到经营上或认为经营的基础包含了技术。技术经营的广义概念是"从技术战略的层面上，对整合了研究、开发、制造以及技术和研究人员的技能活动的一般经营活动进行运作"。

该项目可以看作是包含了前面所评估的经营管理能力的概念，但是在创建评估表的层面上，为了单独评估一般经营和技术经营，技术经营战略项目只对有关技术创新和成果产业化的经营战略进行评估。

主要评估项目如下：

（1）是否以较高的技术理解度为基础，制定产品开发的具体计划或预算；

（2）是否按照实际情况制定产品目标市场、需求分析、预测等战略；

（3）是否掌握对产品产业化产生重要影响的法规及政策等。

此外，还需要综合考虑实现技术经营所需要的组织等事项。

二、管理能力

1. 技术人员管理

以技术为基础的中小企业应该将研发（R&D）结果进行产业化，实现持续的销售增长。为此，应该以合理的研究人员管理为基础，持续开展技术创新。

评估时要注意的是技术人员的范围不仅包括直接参与研发的人员，还要包括工艺技术、质量管理等与生产人员有关的管理系统。

与开发新技术一样，企业的生产能力、合格率、生产单价等方面的竞争优势很重要，从事工艺技术及质量管理的生产人员管理也是非常重要的部分。

主要评估项目如下：

（1）是否保留对技术人员的奖励制度；

（2）是否具备与技术开发有关的目标管理体系；

（3）研发中心负责人的能力。

技术人员管理项目不仅包括管理的内容，还包括聘用技术人员或核心技术人员退休等方面的政策内容。

2. 管理层的专业知识水平

如果要提高技术产业化的成功可能性，需要拥有技术和优秀的组织，但是社会上普遍认为优秀的组织比技术产生的影响更大。组建拥有专业实力的管理层的难度很大，尤其是中小企业更难以招聘到人才，而组建有能力的管理层则难上加难。

评估中小企业的经营者时，只对经营者进行定量评估即可。但是评估管理层时，应该确认是否全面拥有管理、企划、财务、技术（设计）、营销、营业等多种管理组织。

与一名特级管理人员相比，拥有三名中级管理人员可能更为有利。掌握管理层的情况和专业知识水平时，以企业提供的组织结构图和简历为基础。另外，管理层除了非全职董事、非全职监事等人员以外，都应该是全职人员。

3. 资本参与度

资本参与度是对企业经营者以外的管理层参与资本的程度进行评估的项目。为了提高管理层对工作的热情，虽然也有股票期权等奖励方法，但是作为股东通过资本参与来提高主人翁意识也不失为一种好方法。

评估该项目的第一种方法是确认所有管理层的股份合计是否达到一

定程度；第二种方法是确认有多少管理人员作为股东拥有股份。

第一种方法是根据管理层所拥有的评估对象企业的股份，对评估分数进行分级。但是管理层中的一个人拥有一定程度的股份也会得到很好的分数。如果想要更多的管理人员参与，那么这并不是一个合适的方法。可以说这与经营者作为股东的形式没有太大区别。

第二种方法不是以管理层所拥有的股份多少作为衡量标准，而是判断有多少管理人员拥有股份。如果通过拥有股份实现资本参与的管理人员越多，那么就会有越多的管理人员为了提高企业价值积极地参与企业经营，评估对象技术的相关评估指标分数就会越高。

4. 管理层与企业经营者的关系及团队协作

拥有优秀管理层的企业，项目成功的可能性会很高。但是不能只停留在拥有优秀管理层的层面上，而是要通过对企业经营者与管理层的团队协作、决策方式等方面的探讨，分析企业的经营是否顺利进行。

即对于以技术为基础创业的企业，如果要营造持续进行技术创新的企业氛围、合理分配组织内部资源、制定能够展现企业前景的经营战略，则需要各领域的管理层与企业经营者一起实现。这时企业经营者与管理层之间的关系及团队协作是最重要的。

主要评估项目如下：

（1）决策的合理性；

（2）合理的业务分配及授权；

（3）主要管理层的变动情况。

除以上三种事项以外，还可以通过与企业经营者及管理层面谈，了解交换意见及进行决策的方法、业务指示方法等，以此间接地了解企业经营者与管理层之间的关系。

三、技术开发能力

1. 技术开发部门

该项目是确认企业内部是否存在技术创新专职部门的项目。需要确认是否设立企业附属研究所及研发部门，并且是否能够保持有效运作。

企业附属研究所和研发部门根据不同的国家、地方自治团体，有着不同的许可标准，因此必须确认其详细内容。

对于专职研究人员的标准，不同的法律有着不同的解释，因此要按照相应的标准来判断。

专职研究人员要有独立的研究空间，研究器材（机械、仪器、装置等）应放置在适当的地方。

评估对象企业持有相关证书时，可以通过确认证书有效期等事项进行评估。即使没有取得证书，如果具备人力、物力条件，也可以进行评估。

评估该项目时，需要确认研究组织正在使用的研究设施，了解人员编制情况，分析组织结构图。另外，如果评估对象企业运营研究所或者与大学共同进行研究，拥有多种形式的研发组织，那么评估机构在制定标准时应该将这些情况考虑在内。

2. 技术（设计）人员

对于以技术为基础的中小企业，非常重要的是要将创意或产业化初期阶段的技术提升到可以实现产业化的水平，或者保证有足够的技术人员能够持续开发新技术。

对技术（设计）人员设置评估指标，是为了对评估对象企业的技术人员进行定量评估。在这里还要考虑进行评估的技术人员不仅要包括直接参与技术开发的人员，还要包括工艺技术、质量管理等与生产相关的人员。

评估时需要注意的事项如下：

（1）即使企业经营者（法定代表人）是拥有技术的技术人员，也会将其排除在外进行评估。因为企业经营者的技术水平已在前面单独进行过评估。

（2）进行评估时，技术人员不仅包括研发人员，还要包括工程技术、质量管理等方面的生产服务人员。

（3）技术人员不仅要常驻评估对象企业，还应该是该企业的正式职员。而外包企业派遣的职员只能认定为该企业的非正式职员。

确认方法是核实技术开发人员的简历、人员编制现状等以及面谈。

3. 技术开发成果及获奖（认证）经历

该项目通过对企业最近三年的业绩进行评估，并从掌握评估对象企业经营实力的角度探讨技术开发成果及获奖（认证）经历，即不仅认定评估对象技术，还认定评估对象企业拥有的成果及认证。

确认技术开发成果时，对技术开发、技术产品化等方面的标准如下。

（1）技术开发：根据中长期计划，完成技术开发并制作样品；

（2）技术产品化：以技术开发为基础，进行产品化并在市场推出产品；

（3）产品商业化：使用相同的技术生产不同的产品时，拥有模具制造技术的企业收到客户的基本模具设计后，按照客户的要求变更规格并供货。

除此之外，评估各种形式的技术开发以及举办产品发布会的注意事项如下：

（1）如果只是单纯地生产其他企业的技术开发成果，则不应该视为评估对象企业的技术开发能力；

（2）与其他企业进行共同开发及产品化时，应该在考虑评估对象企业技术实力的基础上评估其成果；

（3）创业初期（从创业日起三年以内的企业）企业的管理层或核心技术人员拥有成果时，可以给予认可。因为创业初期企业很难拥有技术开发及技术产品化的成果，而管理层及核心技术人员的经验可以代表评估对象企业的技术开发能力。

评估各种认证及获奖经历时，需要确认与技术创新或技术开发有关的成果。评估本项目时，应要求被评估对象提交获奖及认证的副本后进行确认。

4. 知识产权的持有现状

知识产权是进行研发（R&D）的成果。在评估对象企业的立场上，知识产权可以使持有的技术受到法律保护，起到"防波堤"的作用。对知识产权进行定量评估后，可以作为判断评估对象企业经营实力的标准来使用。知识产权的评估方法如表 3-1 所示。

表 3-1　知识产权的评估方法

区分	评估方法及认定标准
知识产权	通过知识产权证书编号很容易区分专利、实用新型（Utility Model）、设计、商标权，并且可以确认专利的各项内容
认定标准	以多种知识产权形式申请、登记同样的技术时，只认定为一种技术，即同时登记专利和实用新型专利时，只认定为一项专利。即使在韩国申请或登记的专利，进行专利合作条约（PCT）专利申请或在个别国家申请，也只认定为一项专利申请（或登记）
不认定的情况	当评估对象企业存在纠纷及侵权事实（临时扣押、临时处分等）时，难以得到法律保护，因此不能认定为拥有知识产权
专利权所有人	专利权所有人超过 2 人时，可认定为评估对象企业拥有专利
独占许可	独占许可（Exclusive License）也可以认定为拥有知识产权。但是许可他人（或其他企业）实施专利时，就不能认定为拥有知识产权
非独占许可	非独占许可（Non-Exclusive License）根据发生原因，可分为经过协议的非独占许可、法定许可、强制许可。但是通常只能以经过协议的非独占许可方式，在设定范围内允许实施发明专利，而不能独占使用发明专利。因此不能认定为评估对象企业拥有专利
创业企业	如果是在创业初期的企业，管理层与核心技术人员所拥有的专利也可以认定为企业拥有专利

对企业知识产权的持有现状进行评估时，要求评估对象企业提供有关知识产权的目录，并在相关专利部门进行确认。对于难以确认的、处在申请阶段的知识产权，可以通过申请书等进行确认。

5. 研发投资

该项目与技术人员管理、研发部门、技术（设计）人员等评估项目一样，都属于对评估对象企业的技术开发水平进行评估的项目。并且可以通过比较同行业的研发投资比率或分析企业内部的技术开发情况，进行综合判断。

研发投资比率可以通过计算研发费用在销售额中所占的比重得出，一般使用近两年的平均值。而研发费用包含人工费、教育培训费、设施费、器材费、试剂及材料费、技术引进费、技术信息费、外部支持的研究费、研究设施及装备的折旧费、其他相关经费等。评估这些费用时，需要参考资产负债表、损益表、制造成本明细表等。

该项目可以通过分析财务资料、研发现状资料及确认研发空间等进行评估。

四、产品化实力

1. 生产实力

该项目是评估技术开发成果的生产能力的指标。制造企业按照生产类型分为自主生产和外包生产。企业进行自主生产时，需要考虑生产设施、生产人员及原材料或零部件的供求情况。尤其对生产设施或生产人员，需要分别确认定量的部分和定性的部分。

评估不具备生产设施或以贴牌生产（OEM）方式将生产外包给其他企业的评估对象企业时，因为不能对外包企业的设施及人员等进行评估，所以要根据评估对象企业与外包企业之间的关系或外包企业的竞争力、规模等信息，间接地判断其生产实力。

以软件（SW）为基础的行业与制造业不同，不直接配备生产设施，与一般的生产概念完全不同，因此在评估时需要注意这些情况，即应该考虑软件开发的前期检查过程和后期质量保证体系及水平，并以此评估生产实力。

该项目可通过确认评估对象企业的生产设施、生产人员的简历等进行评估。如果评估对象是软件行业，则通过确认各种测试流程资料和质量保证活动计划及过程等进行评估。

2. 投资规模的适当性

经营企业必备的要素之一是资金，而且应该在技术（产品）开发的计划阶段就落实。而投资计划要通过从技术（产品）开发到商业化为止的整个阶段的分析来制定。尤其当新产品的生产设施不完善，需要大规模的固定资产投资时，可能对企业的生存产生影响。因此，需要对评估对象企业投资规模的适当性进行仔细的分析。确认评估对象技术的技术性、市场性及商业性、是否制定投资计划、计划的适当性等，并以此进行综合评估。

新产品投资所需费用的类型如下：

（1）开发费用；

（2）样品开发费用；

（3）准备量产时需要的费用；

（4）量产时原材料的费用；

（5）营销费用；

（6）应收账款的机会成本。

为了评估投资规模的适当性，需要分析对象企业提交的经营计划是否合理，并通过面谈进行确认。

3. 筹资能力

创业或经营企业时，掌握所需资金规模后应制定必要的资本（资金）筹措计划，并探讨该计划的可行性及筹措的可能性。为此，有必要优先确认所需资金的筹措方法。

一般的资金筹措方法如下：

（1）创业初期的资金；

（2）有偿增资；

（3）借款；

（4）政府补助及补贴；

（5）出售资产获得的现金；

（6）通过销售创造的收益。

以技术为基础的创业企业需要研发和批量生产时，所需资金比一般的批发、零售企业更多。如果没有认识到这一点，而以借款的方式进行研发，那么将很难筹集到用于量产的资金，从而难以完成产品产业化的良性循环。因此，重要的是在探讨和分析所需资金的同时，还要制定可行的资金筹措计划。

评估资金筹措能力应与评估投资规模的适当性一样，需要通过经营计划和面谈等方法确认必要的信息。

五、收益前景

1. 营销实力

营销是使产品在产业化阶段取得成功的必不可少的因素。如果要开展营销活动，则需要收集和分析销售方面的各种信息，引进和分析专业的营销方法并制定宣传战略。营销实力的评估方法如表 3-2 所示。

表 3-2 营销实力的评估方法

主要阶段	内容
设立专职部门	为了收集营销信息、制定宣传战略等，需要设立负责这些业务的部门及充足的人员（通过组织图、人员编制现状等进行确认）
分析市场规模的资料	该资料可以作为评估对象企业的销售预测等经济性、收益性分析的基础资料使用，因此非常重要
获得有关竞争企业的分析资料	目标市场不可能只有一家企业，通常有很多竞争企业，并且在大部分情况下产品都比较类似 为了实现稳定的销售，需要分析市场内竞争企业拥有的产品、战略、优点和弱点等
制定战略	制定适合目标市场的营销战略

2. 客户的多样性及稳定性

稳定的客户能保证稳定的销售。如果实现客户多样化，即使部分客户出现倒闭或解约等问题，也会因多样化而缓解对销售产生的冲击。

因此，应该构建有关客户多样化和稳定性的管理体系，并综合考虑新渠道开拓计划的制定情况等事项后进行评估。

3. 回收投资的可能性

该项目是对评估对象技术的投资和通过净利润回收投资等方面进行分析和评估的项目。如果是单纯的收益性项目，那么需要了解会计年度的收益结构时，只确认相应年度的财务数据即可。但是该评估项目应考虑从研发初期到产业化为止的所有阶段，综合考虑各种投资费用在产业化期间能否通过净利润实现回收，并以此进行判断。

为此，应采用净现值法（Net Present Value，NPV）、内部收益率法（Internal Rate of Return，IRR）、盈亏平衡点分析法（Break Even Point，BEP）等经济分析法或以同行业的竞争企业及类似投资作为标准进行评估。

第二节　技术竞争力评估

一、技术创新性

1. 技术的差异性

评估对象技术的差异性是增加客户对产品的关注，加强产品吸引力的因素，或者是为新生产方式的收益增长做出贡献的重要环节之一。

评估该项目时应该在考虑各行业特点的前提下进行评估。与制造企业不同，评估软件行业或设计行业的企业时，应该从另一个角度进行评估。

评估技术的差异性时，需要对评估对象技术有较高的理解度。通过文献或与评估对象企业的技术专家面谈，收集必要的信息是非常重要的。

2. 模仿难度

在某种层面上，可以说新技术本身就形成了对其他企业的技术壁垒。进入壁垒（Barriers to Entry）较低时，容易产生相同或类似的技术。而进入壁垒较高时，拥有技术的企业竞争力就会提高。技术的进入壁垒如表 3-3 所示。

表 3-3　技术的进入壁垒

区分	内容
通过拥有知识产权构建进入壁垒	专利的申请和登记是使技术能够得到法律保护的手段，会形成相关技术领域或行业中的其他竞争企业无法进入的壁垒
构建技术开发及模仿的进入壁垒	即使不考虑知识产权，通常也会通过技术本身和产品生产，构建技术性进入壁垒

需要评估的项目如下：

（1）评估对象技术是否登记知识产权；

（2）是否属于难以通过逆向工程（Reverse Engineering）进行模仿的技术；

（3）进行技术开发所需要的费用和时间。

3.技术在生命周期中的位置

新开发的技术将经历导入期（Emerging）、成长期（Growth）、成熟期（Maturity），并最终进入不再发生技术开发的停滞期（Saturation）。进入成熟期以后，会引进有竞争力的新技术，而原有的技术将过时。我们将呈现 S 形曲线形态的技术增长称作技术生命周期（Technology Life Cycle，TLC）。

但是，实际上企业创造的收益与评估对象技术的产品生命周期（Product Life Cycle，PLC）有关。因此，要从技术生命周期和产品生命周期的角度考虑评估对象技术和应用该技术的产品在生命周期中的位置，并以此进行评估。

此外，因为不同的技术领域具有不同的技术创新速度，所以生命周期也不同。例如，信息通信技术的生命周期较短，而制药领域的生命周期较长，因此进行评估时不能使用单一的标准确定技术在生命周期中的位置。

4.技术的成熟度

该项目的评估目的是掌握评估对象技术从创意阶段到量产阶段的过程中所在的位置，这是判断技术开发进度的一种指标。制造业的技术成熟度主要阶段和内容如表 3-4 所示。

表 3-4　制造业的技术成熟度主要阶段和内容

主要阶段	内容
创意阶段	新技术的必要性及构思抽象技术的水平
研发（R&D）及样品制作阶段	创意具体化→研发→制作样品

续表

主要阶段	内容
产品化阶段	为了实现量产，具体化样品；未考虑量产，仅考虑性能，待完成研发后再制作完成产品化的产品；相当于为量产考虑的量产型产品
量产准备阶段	用于批量生产的设备和技术问题都已解决 已制定营销战略并找到潜在客户，或者正在寻找客户
量产阶段	已开始批量生产并实现正常的销售 通过制造及生产工艺反馈，构建工程质量管理体系

5. 技术的自主化程度

通常完成一个产品需要应用多种技术。虽然生产产品所需要的技术非常丰富，但是技术的自主化程度项目并不是单纯地分析所需技术的种类，而是要掌握评估对象技术为核心产品的生产及发展做出的贡献程度。

在驱动主要功能方面发挥着主要作用的产品可以称作核心产品。为了制造这样的核心产品，技术所作出的贡献占相当大的比重，因此仅靠自身就可以实现驱动的技术也可以称作自主化程度很高的技术。

6. 技术溢出效应

技术溢出效应（Technology Spillover Effect）是指技术开发的成果对其他技术领域、其他企业、其他行业产生的影响。通常技术溢出效应可以通过专利分析进行评估，这是因为专利信息中含有引用和被引用信息，可以掌握专利技术之间的相关关系或因果关系。此外，为了掌握专利之间的直接、间接关系和综合的技术溢出效应，可以使用关联规则挖掘（Association Rule Mining，ARM）、决策试验与评估实验室（Decision Making Trial and Evaluation Laboratory，DEMATEL）等方法。

如果说技术溢出效应是利用专利IPC分类号，通过评估对象技术所属的技术分类集合的相关关系掌握溢出效应的方法，那么技术扩展性是以评估对象企业与评估对象技术为基础，由评估人员直接评估其扩展性。即技术的扩展性要综合考虑评估对象企业和技术的特点，并以此评估能否向多个领域扩展的可能性。

二、市场现状

1. 目标市场的规模

评估在作为营销最基础数据的市场规模时，应该考虑评估对象企业要销售的产品的产品群、客户群、潜在客户、潜在市场等因素，并以此进行分析。掌握市场规模的方法如表 3-5 所示。在调查中小企业产品的市场规模时，通常很难得到有关中小企业生产的产品的客观市场资料，即大部分中小企业生产的是手机、半导体等最终产品的零件或中间产品（Intermediate Goods），因此很难掌握其规模。

表 3-5 掌握市场规模的方法

项目	内容
检索资料	检索客观的市场资料
掌握相应产品的价格水平	估算排名高的产品市场规模→排名低的产品市场规模 掌握相应产品在排名高的产品中的价格水平
估算间接的市场规模	了解竞争技术的市场规模
掌握市场规模	如果是新的市场，则需要考虑潜在的需求（未来三年平均）

评估该项目时，虽然应该研究国内外的市场规模，但是如果评估对象技术产品只适用于本国或者评估对象企业的经营计划仅限于本国时，只了解本国的市场规模也可以。

2. 市场的增长性

评估市场的增长性时，需要比较最近三年的同行业销售额增长率和最近三年的行业整体销售额增长率。为此，需要分析和确认各行业的平均财务信息。

3. 竞争情况

该项目是有关评估对象企业在行业内竞争状况的评估项目，因此应该考虑市场结构、成本结构等内容。市场结构是评估对象企业在进入现有市场或在扩大市场份额的过程中，分析有利于企业的市场形态的项目（见表 3-6）。

表 3-6　市场结构分析项目及内容

项目	内容
集中度	包含申请企业在内的多数竞争者是否合理地分割市场
差异性	推出有差异性的产品后，是否降低市场内发生过度竞争的可能性
初期市场	在市场形成的初期阶段，是否因为缺少主导市场的代表企业或代表产品，使企业容易进入市场

为了在市场竞争中抢占有利的战略位置，获得较高的收益，企业内部的成本结构应该比竞争企业更具竞争力。

在划分企业成本的方法中，有必要简单了解固定成本和变动成本。如果是制造业，那么无论是否与生产有关，只要是固定支出的费用都被称作固定成本，例如，工厂租金、办公人员工资等。而随着生产发生的费用都被称作变动成本，例如，生产产品所需要的原材料、生产人员工资、委托加工费等。

企业间的竞争加剧或经济下行时，因无法实现销售增长，企业不能创造足够的收益。此时产品的生产处于减少趋势，但是如果用于企业经营的固定成本较高，那么更难以创造收益，因此在企业间的竞争中也会处于不利地位，即在竞争状况下，固定成本越低，对企业越有利。

4. 法律、法规等制约及积极因素

法律或法规对不同企业或行业产生相对的影响，既可能成为制约因素，也可能成为积极因素。除了有新的法律、法规出台之外，很多还会变更或消失，因此需要持续地关注。如果出现大众热议的话题，那么国家可能会出台与此相应的新法律、法规，因此需要关注进展情况。

该项目应该以通过面谈获得的信息或对行业特点的理解作为基础进行评估。

三、产品优势

1. 知名度

知名度是判断产品竞争力的重要因素，需要通过多种方法掌握知名程度。也就是说，既需要掌握需求者表现出的需求特性，还要掌握对经济上行及下行、价格变化等方面的敏感程度。

按照以上方法，可以综合评估应用评估对象技术的产品（商品、服务）或品牌被需求者所认知的程度。产品知名度的主要确认事项如表3-7所示。

表 3-7　产品知名度的主要确认事项

项目	内容
销售水平	自有品牌产品的销售水平
需求	是否作为不受经济波动影响的必需品，持续产生需求 是否因产品本身的差异化，即使价格变动也会持续产生需求
品牌知名度	在相关产品中，该品牌是否时常被需求者想起

该评估项目需要掌握需求者（客户）对产品的认知程度。可以根据技术及市场信息、竞争企业及市场规模等多种资料，通过收集综合信息进行评估。

2. 市场占有率

市场占有率是指评估对象企业在整体市场中所占的比率。可以说这是企业为了生存而制定战略时所需要的重要信息。

在市场内的占有率较高时，通常需要可维持这种状态的战略。但是如果在进入市场的阶段或保持着相对较低的市场占有率时，则需要解决这些问题的战略。

该评估项目是指应用了评估对象技术的产品的市场占有率。需要综合了解市场内竞争产品的数量及销售规模等情况以后再做出判断。

3. 与竞争产品比较时的优势

该项目是在市场内与竞争产品进行优势分析的项目。

评估本项目时需要分析的事项如下：

（1）竞争产品的数量；

（2）产品质量及价格竞争力；

（3）购买者选择其他企业产品或替代品时的转换费用等要素。

第四章　金融机构的评估方法

——以制造业为例

关于信用等级评估，各类金融机构都有不同的详细项目，并且评估各种行业时需要确认的内容也各不相同。在本评估案例中，以银行评估制造业的信用等级评估手册为基础，提出了主要评估项目、用于分析的资料来源、评估方法和各项目的判断标准。

各项目的判断标准可分为良好、一般、注意、风险四个不同阶段。但在进行实际业务时，应该通过比较各产业及行业的特点进行判断，并且还要恰当地反映当前国内外经济形势或法规等。单纯地从当前的时间点，以绝对值或单一标准进行判断，可能会降低评估的可靠性，因此要注意这一点。

第一节　财务类评估项目及方法

一、现金流的适当性

该项目的主要调查内容是通过经营活动创造的现金是否满足各项需要、过去和未来的流动性以及管理能力、汇率和利率变动是否对企业的流动性产生不利影响。通过这些内容能够判断现金流的适当性。

（1）可判断为良好状态的主要依据如下：

1）过去及未来的现金流良好，足以满足相当一部分的投资资金需求；

2）过去三年的平均速动比率（Quick Ratio）处于同行业的最高水平；

3）汇率急剧变动时，速动比率仍高于同行业平均比率；

4）利率急剧变动时，即使支付了利息，现金流还是几乎没有变化。

（2）可判断为一般状态的主要依据如下：

1）现金流持续处于（＋）状态或目前虽然是（－），但是通过改善可能会变成（＋）；

2）最近三年的平均速动比率（Quick Ratio）高于同行业平均水平；

3）汇率急剧变动时，速动比率可能低于同行业平均比率；

4）利率急剧变动，支付利息后现金流有所变化，但是受到的影响较小。

（3）可判断为注意状态的主要依据如下：

1）现金流处于微弱的（＋）状态，预计未来会出现下降趋势；

2）最近三年的平均速动比率（Quick Ratio）低于同行业平均水平；

3）汇率急剧变动时，速动比率可能降到同行业较低水平；

4）利率急剧变动，支付利息后现金流的变化成为负面因素。

（4）可判断为危险状态的主要依据如下：

1）现金流持续处于（－）状态；

2）最近三年的平均速动比率（Quick Ratio）处于同行业最低水平；

3）汇率急剧变动时，速动比率可能降至同行业最低水平；

4）利率急剧变动，支付利息后现金流的变化可能带来严重的风险。

评估现金流适当性的各项目分析资料及方法如表4-1所示。

表4-1　评估现金流适当性的各项目分析资料及方法

主要评估项目	分析资料来源	方法及内容
经营活动创造的现金流	现金流量表；现金收支明细表；与现金流有关的财务比率；企业内部资料（营运资金）；需求明细（资金运作表、投资内容）	掌握现金流；分析现金流量表（比率分析、现金的持有水平及营运资金的持有水平）；固定资产投资和资金融通是否粉饰财务报表

续表

主要评估项目	分析资料来源	方法及内容
过去 / 未来的流动性和管理能力	流动资产 / 负债、存货；同行业对比资料；存货明细表（品名 / 日期 / 供应商）现金、有价证券；应收账款明细；应付账款明细	分析行业及标准比率（流动比率、速动比率，应收账款周转率，应付账款周转率）；销售减少时的现金流；管理能力评估
汇率 / 利率变动对流动性的影响	外币资产及外币负债；负债明细（固定利率、浮动利率）	敏感度分析（分析汇率及利率变动对净现金流和借款的影响）

二、整体财务结构分析

如表 4-2 所示，整体财务结构分析主要的详细调查项目可通过自有资本是否与借入资本保持合理的平衡关系、与同行业相比借款依赖程度是否过高、借款结构是否因为短期借款比重过高而成为偿还压力因素、与企业的经营特点相比资产负债表的结构是否合理，在资产负债表中的项目是否存在高估或低估、是否存在不履约可能性较高的或有债务进行判断。

表 4-2　财务结构的各项目分析资料及方法

主要评估项目	分析资料来源	方法及内容
自有资本、借入资本	详细的财务报表；未来三年的财务报表预测；主要的财务比率（稳定性）	自有资本比率的趋势；与同行业比较自有资本比率；负债及自有资本的构成；股权融资的可行性
借款依赖程度、借款结构	详细的财务报表；未来三年的财务报表预测；资金情况日报表、月报表；金融机构借款；储蓄、零存整取储蓄明细	借款依赖程度趋势；与同行业相比短期借款的比重；借款平均利息；短期贷款比重趋势
资产负债表	详细的财务状况表；行业比较资料；具体资产的构成内容；固定成本的相关资料；变动成本的相关资料	财务状况表的构成变化趋势；分析固定成本的比重；与经营内容的一致性资产的获得与资本筹措的关系
被高估 / 低估或有债务	审计参考资料；主要资产的市场价格报告；调整分录内容；行业比较资料	账面价格及最新价格；检查资产状况被高估、低估时的影响；分析调整分录内容

可判断为良好状态的主要依据是过去及未来的自有资本比率达到同行业最高水平、借款规模极小、资产及负债结构很好地反映了经营特性。

可判断为一般状态的主要依据是过去及未来的资本比率与同行业相比，处于良好水平；过去及未来的借款依赖程度以及借款结构与同行业相比，处于良好水平，或者未来可能改善至良好水平；资产及负债结构较好地反映了经营特性。

可判断为注意状态的主要依据是过去及未来的自有资本比率相同或低于同行业水平或呈现下降趋势；过去及未来的借款依赖程度及借款结构与同行业相比低于平均水平，因此成为短期借款比重较高和借款条件略为不利的偿还压力因素；资产及负债结构缺乏连贯一致的管理，未能反映出项目特性；资产负债表被高估或低估，使财务结构有些脆弱；或有债务会给企业带来严重的风险。

可判断为危险状态的主要依据是过去及未来的自有资本比率处于同行业最低水平；过去及未来的借款依赖程度及借款结构极差，导致不履行债务的风险较高；资产及负债结构因缺乏计划而完全不能反映经营特性；资产负债表中的项目被低估或高估，使财务结构处于非常差的状态；或有债务给企业带来致命风险的可能性非常高。

三、因销售产生的额外借款能力（杠杆能力）

如表4-3所示，因销售产生的额外借款能力主要的详细调查项目包括因现在及未来的负债率和额外借款而导致的负债率敏感度；以日常经营活动产生的利润，负担使用借入资本产生的利息费用的能力；因财务处理方法变更引起的财务内容歪曲敏感度。

表4-3　因销售产生的额外借款能力的各项目分析资料及方法

主要评估项目	分析资料来源	方法及内容
现在及未来的负债率	企业及行业的总负债；未记账的负债及资产；新申请的贷款金额	负债的构成内容；企业及行业的负债率趋势；因额外借款引起的负债率敏感度；对额外借款产生的影响提出评估意见
额外借款而产生的负债率敏感度		

续表

主要评估项目	分析资料来源	方法及内容
利息费用的负担能力	利息费用明细	分析偿付利息能力比率的趋势；对比并分析同行业的偿付利息能力比率；偿付利息能力比率的充分性
财务内容歪曲敏感度	最近的会计处理变更事项；近期的再评估现状；再评估的资产明细	财务处理变更的合理性；因财务处理方法变更引起的负债率敏感度

可判断为良好状态的主要依据是负债率在同行业中最低；即使额外借款也几乎不影响负债率；利息费用的负担能力处于同行业最高水平；即使因财务处理方法变更导致被高估或低估，负债率仍然优于当前同行业的平均比率。

可判断为一般状态的主要依据是负债率在同行业中较低；即使额外借款也会保持低于平均行业水平的负债率；利息费用的负担能力与同行业相比良好，或者未来可能改善至良好水平；即使因财务处理方法变更导致被高估或低估，负债率也低于当前同行业平均比率。

可判断为注意状态的主要依据是负债率与同行业比率类似；额外借款时，负债率高于同行业平均比率；利息费用的负担能力低于同行业平均水平，或者因呈现下降趋势而预期低于平均水平；因财务处理方法变更导致被高估或低估时，负债率处于较差水平。

可判断为危险状态的主要依据是负债率高于同行业比率；额外借款时，负债率变得非常高；利息费用的负担能力处于同行业最低水平；因财务处理方法变更导致被高估或低估时，负债率在当前同行业中处于最差水平。

四、未来的偿债能力

如表4-4所示，未来的偿债能力主要的详细调查项目包括用于偿债的未来现金流的充分性，筹资方案的易用性（财务灵活性），短期借款的偿还能力，因销售额、应付账款、经费、利息负担等方面的各种变化与未来经营活动引起的现金流敏感度。

表4-4　未来的偿债能力的各项目分析资料及方法

主要评估项目	分析资料来源	方法及内容
用于偿债的未来现金流的充分性	现金流量表；现金流量分析表；税息折旧摊销前利润（EBITDA）的相关费用	创造用于偿债的现金流的可能性；有关税息折旧摊销前利润；同行业平均比率；现金流的稳定性
财务灵活性	用于偿债的资金来源清单；借款明细表	企业管理层和其他资金来源的可靠性；提出对资金市场的意见
短期借款的偿还能力	偿还内部负债的资源；净利润、折旧费	偿债率的稳定性及适当性（对同行业进行分析）
现金流的敏感度	营业环境的变化	未来现金流的敏感度；未来现金流的脆弱性

可判断为良好状态的主要依据是未来的现金流在偿还债务后仍然充裕；现在及未来的偿债率处于同行业最高水平；即使损益项目发生变化，现金流也呈现良好的状态。

可判断为一般状态的主要依据是未来的现金流有能力偿还相当部分的债务；已确保在紧急情况下用于偿债的其他资源；现在和未来的偿债率高于同行业平均水平；即使损益项目发生变化，对现金流的影响也比较小。

可判断为注意状态的主要依据是未来现金流的偿债能力有些不足；可用于偿债的其他资金来源很少；现在及未来的偿债率比同行业平均水平低；损益项目发生变化时，现金流有些不稳定。

可判断为危险状态的主要依据是未来的现金流完全不具备偿债能力；没有用于偿债的其他资金来源；现在及未来的偿债率处于同行业最低水平；损益项目急剧变化时，现金流变差。

五、收益性及收益前景

如表4-5所示，收益性及收益前景主要的详细调查项目包括税后净利润、收益率、经常性利润率、资产回报率（ROA）和净资产收益率（ROE）的水平和年度趋势、会计准则变更引起的收益性敏感度、财务费用负担对收益性产生的影响等。

表4-5　收益性及收益前景的各项目分析资料及方法

主要评估项目	分析资料来源	方法及内容
税后净利润、收益率、经常性利润率、资产回报率、净资产收益率	财务状况表；综合损益表；与收益性相关的财务比率；对营业产生影响的环境	收益及收益率趋势（与同行业进行比较）；营业环境对收益性产生的影响；与其他企业比较时所具备的竞争力现状
会计准则变更引起的收益性敏感度	利息费用明细表	会计准则变更引起的收益及收益性敏感度；会计处理变更的合理性；资料的可靠性
财务费用负担对收益性产生的影响	最近的会计处理变更事项 最近的重新评估情况 重新评估的资产明细	进行财务费用负担率趋势分析（与同行业进行对比分析）；支付利息的能力

可判断为良好状态的主要依据是收益率处于同行业最高水平；资产回报率及净资产收益率趋势稳定，处于同行业最高水平；预计未来的收益率趋势保持同等水平、财务费用负担率处于同行业最低水平。

可判断为一般状态的主要依据是收益率高于同行业平均水平，或者改善后预计高于同行业平均水平；资产回报率及净资产收益率趋势稳定，与同行业比较时高于平均水平，或者将来改善后预计高于同行业平均水平；预计收益率趋势将保持适当水平以上；财务费用负担率低于同行业平均水平。

可判断为注意状态的主要依据是收益率低于同行业平均水平或收益率较差；资产回报率及净资产收益率趋势低于同行业平均水平；收益率趋势与同行业周期整体相同；会计准则变更未能适当反映企业的经营成果，导致收益性被高估；财务费用负担率在同行业处于较高水平并且持续增长。

可判断为危险状态的主要依据是收益率处于亏损状态，资产回报率及净资产收益率趋势走低，导致收益率趋势不明确；会计准则变更未能适当反映企业的经营成果，导致收益性被严重高估；财务费用负担率处于同行业最高水平。

六、存货的流动性

如表 4-6 所示，存货的流动性主要的详细调查项目包括与同行业比较时，存货资产周转天数趋势的合理性；存货资产的构成、存货周期及市场性；存货资产周转天数增加的原因是产品过时还是经营活动的疏忽；能否持续保持可应对客户紧急订单的适当存货。

表 4-6 存货的流动性的各项目分析资料及方法

主要评估项目	分析资料来源	方法及内容
存货资产周转天数趋势的合理性	财务状况表；综合损益表	存货资产周转天数趋势（与同行业比较近三年的数据）；与同行业对比的合理性并提出意见
存货资产的构成、存货周期及市场性	存货资产的构成及存货周期；各种存货资产的市场价值；存货资产管理系统	各种形态的相对比率趋势；评估销售/生产存货资产的适合性；存货资产的市场性、价格稳定性、管理系统
存货资产	存货资产的构成及存货周期；各种存货资产的市场价值	存货资产的周转天数（采访管理层、同行业人士）；存货资产的质量；评估市场性
保持适当的库存	估算工厂/设备的使用率；订单失败的资料；机械设备的运转现状（现场考察）	采访企业客户；分析使用率和存货资产周转率之间的关系；确认过剩设备

可判断为良好状态的主要依据是存货资产周转天数优于同行业平均水平，并且保持稳定的趋势；存货资产的价格因整体供求稳定而保持稳定的状态；保持一定水平的存货，可迅速应对客户的订单。

可判断为一般状态的主要依据是存货资产周转天数与同行业的平均水平基本持平；存货资产的价格比较稳定；保持一定水平的存货，可以及时应对客户的订单。

可判断为注意状态的主要依据是存货资产周转天数与同行业平均水

平比较时，处于劣势；存货资产的价格受市场状况的影响，产生波动；部分原材料及成品基本没有价值；存货资产周转天数减少，对迅速应对客户订单的能力产生影响。

可判断为危险状态的主要依据是存货资产周转天数与同行业平均水平相比很差，并且变得越来越差；存货资产价格随着市场状况的变化，波动较大；相当部分的原材料及成品的库存状态较差；存货资产周转天数增加的原因是销售量下降、商品过时或产品不合格。

七、资产运用效率

如表4-7所示，资产运用效率主要的详细调查项目包括总资产与销售规模的对比、有形资产周转率及总资产周转率是否因生产设施的有效使用及生产率的增长而上升。

表4-7 资产运用效率的各项目分析资料及方法

主要评估项目	分析资料来源	方法及内容
总资产与销售规模的对比	销售额、有形资产、总资产趋势（最近三年，与行业进行比较）	有形资产周转率趋势；运用固定资产及总资产的效率性趋势及变动情况
有形资产周转率	有形资产周转率；生产设备的生产率；行业对比资料	有形资产周转率趋势；分析生产率趋势
总资产周转率	总资产周转率；设备运转率；行业对比资料	总资产周转率趋势；同行业的生产率对比分析；周转率增加的原因；能否继续保持当前趋势

可判断为良好状态的主要依据是有形资产周转率及总资产周转率稳定，并且高于同行业平均水平；工厂及设备运转状态活跃。

可判断为一般状态的主要依据是有形资产周转率及总资产周转率与同行业平均水平相仿，工厂及设备运转状态良好。

可判断为注意状态的主要依据是有形资产周转率及总资产周转率低

于同行业平均水平，工厂及设备运转状态稍差。

可判断为危险状态的主要依据是有形资产周转率及总资产周转率明显低于同行业平均水平、工厂及设备运转状态很差、资产周转率正在恶化。

八、信用状态

如表 4-8 所示，信用状态主要的详细调查项目包括判断滞纳及交易违约的情况；循环信用贷款（透支贷款及一般贷款）交易情况；是否拖欠工资、滞纳税款；是否频繁发行融通票据、发出紧急资金申请。

表 4-8　信用状态的各项目分析资料及方法

主要评估项目	分析资料来源	方法及内容
滞纳及交易违约	滞纳及交易违约记录（最近三年）	确认是否发生滞纳及交易违约关于及时偿还可能性的意见
循环信用贷款	使用透支额度	使用频率 / 比率，偿还速度
是否拖欠工资、滞纳税款	工资支出表；个人所得税缴纳记录；纳税证明；发票	采访职员；与金融机构交易的内容（存折、支付工资的账户等）；每月支出的工资及税款
紧急资金需求	资金日报表	掌握资金的筹措来源；提出关于资金筹措的意见

可判断为良好状态的主要依据是没有滞纳税款及交易违约的情况；几乎不使用循环信用贷款，即使使用，金额也很低，不足贷款额度的10%，并且能够立即偿还；资金一直比较充裕。

可判断为一般状态的主要依据是过去虽然有过短时间的拖欠情况，但是债务状况良好；经常使用循环信用贷款，但是使用的比例不到贷款额度的50%，并且能够立即偿还；资金状况大体上充裕，并且按照资金计划筹款。

可判断为注意状态的主要依据是过去存在滞纳及交易违约的情况；整体上交易违约的概率较高；频繁使用循环信用贷款，金额达到贷款额度的50%~90%，而且偿还需要数月时间；频繁发生拖欠工资及滞纳税款的情况，并且拖欠时间较长；资金经常不足，并且频繁借款用于应付紧急情况。

可判断为危险状态的主要依据是目前处于长期滞纳及交易违约的处境，或者处于依法处理、企业清算或重组阶段；完全依赖于循环信用贷款，使用金额在贷款额度的 90% 以上，并且继续拖欠；资金极度缺乏，被发现开具融通票据并且依赖于民间借贷。

第二节　宏观环境类评估项目及方法

一、行业发展前景

如表 4-9 所示，行业发展前景的主要详细调查项目包括判断过去及未来的行业增长率是否高于国内生产总值（GDP）增长率、是否因设备过剩等原因引起行业的结构性问题、应对政府政策等各种监管壁垒及气象条件等外部环境的能力是否薄弱。

表 4-9　行业发展前景的各项目分析资料及方法

主要评估项目	分析资料来源	方法及内容
行业增长率	行业销售资料；国内生产总值	行业及国内生产总值的增长率；年均增长率；行业发展意见
行业的结构性问题	行业销售资料；行业生产规模及现状；行业库存增加的估算资料	行业生产规模；行业销售增长；分析存在的问题
监管壁垒	行业所需许可列表；政府监管现状列表；其他国家的监管案例；过去的监管变动现况	监管的变动及趋势；监管的变动带来的影响；阻碍行业发展的因素；行业的弱点

可判断为良好状态的主要依据是过去及未来的行业增长率与国内生产总值相比，持续保持较高水平；行业的需求超过供给；行业处于自由市场环境，而且在本国或海外市场几乎没有限制；行业不受自然现象变

化的影响。

可判断为一般状态的主要依据是过去及未来的行业增长率与国内生产总值相比，保持相似的水平；行业的需求与供求形成均衡的状态；行业的法律、法规几乎没有突然的变动、自然现象的变化对行业的季节性及周期性产生影响。

可判断为注意状态的主要依据是从中长期的角度被视为夕阳产业，并且未来的行业增长率低于国内生产总值；行业的结构性问题对行业的增长产生恶劣影响；行业在韩国或海外市场受到严重的监管；自然现象的变化对销售产生严重的影响。

可判断为危险状态的主要依据是迅速变成夕阳产业或消失，并且对此几乎没有需求；因行业的结构问题，不可避免地成为夕阳产业；行业的生存完全依赖于使其发生急剧变化的政策；企业的生存高度依赖于自然现象的稳定性。

二、对经济波动的敏感度

如表 4-10 所示，对经济波动的敏感度主要的详细调查项目包括对经济形势的敏感度、供给和需求的季节性和周期性。

表 4-10　对经济波动的敏感度的各项目分析资料及方法

主要评估项目	分析资料来源	方法及内容
对经济形势的敏感度	行业的各年度销售额 / 增长率；各年度国内生产总值及增长率	比较行业销售额与国内生产总值；行业销售额及国内生产总值的各年度增长资料；评估对本国经济的影响；本国的经济形势造成的行业波动
供给与需求的季节性和周期性	月度销售额趋势 / 增长率；主要节日与活动	评估周期性；月度 / 季度销售额趋势及增长率；评估季节性特点或其他周期影响季节性 / 周期性的因素

可判断为良好状态的主要依据是相关行业的波动周期与经济整体周期相比，波动幅度不大，并且可预测未来的波动；相关行业的供给和需

求稳定，几乎没有季节性和周期性。

可判断为一般状态的主要依据是相关行业的波动周期与经济整体的周期相比，波动幅度一致或略为严重，并且可预测这种波动；因相关行业的供给和需求的波动，存在一些季节性和周期性现象。

可判断为注意状态的主要依据是相关行业的波动周期与经济整体周期相比，波动幅度较大，并且难以预测未来的波动情况；相关行业的供给与需求波动明显，季节性与周期性现象明显。

可判断为危险状态的主要依据是相关行业的波动周期与经济整体周期相比，波动情况不一致，并且难以预测；季节性与周期性现象严重，以致无法预测相关行业的供给与需求。

三、供应商的稳定性

如表 4-11 所示，供应商的稳定性主要的详细调查项目包括判断是否形成供应商的多样化、原材料的供应是否稳定、采购的变化是否严重地损害了企业的竞争力。

表 4-11　供应商的稳定性的各项目分析资料及方法

主要评估项目	分析资料来源	方法及内容
供应商的多样化	现有供应商信息（交易量、价格、期间、质量）；潜在的供应商（国内、国外）	预测拥有类似质量与价格的替代供应商；与现有供应商之间的问题；变更供应商时的效果
稳定的原材料供应	主要供应商的库存水平评估；生产及价格趋势；与供应商的合作期间／亲密度	供应商的季节性／周期性；评估引起变动的潜在因素；将变化幅度降到最小的机会因素
采购变化带来的影响	销售成本分析；原材料的质量与价格对收益性产生的影响	评估供应商的变化对竞争力造成的影响

可判断为良好状态的主要依据是与供应商保持非常稳定的战略关系，并且可替代的供应商较多；因供应商供货不稳定或天气条件造成的影响最小；原材料成本占总成本的 20%，因原材料价格变动造成的影响较小。

可判断为一般状态的主要依据是与现有供应商保持着友好关系，并且有可替代的供应商；因供应商供货不稳定或天气条件造成的影响不大；原材料成本占总成本的 20%~40%，对原材料价格变动造成的影响较为敏感。

可判断为注意状态的主要依据是与供应商的关系不稳定，并且可替代的供应商非常有限；因供应商供货不稳定或天气条件造成的影响较大；原材料成本占总成本的 40%~60%，以致对原材料价格变动造成的影响非常敏感。

可判断为危险状态的主要依据是与供应商的关系处于不稳定的状态，并且没有可替代的供应商；因供应商的供货不稳定或天气条件造成的影响巨大；原材料成本占总成本的 60% 以上，以致应对原材料价格变动的能力非常脆弱。

四、技术的变化风险及适当性

如表 4-12 所示，技术的变化风险及适当性主要的详细调查项目包括判断技术的变化是渐进的还是根本性的大变革；技术开发失败时，是否丧失竞争优势；技术替换所需要的费用。

表 4-12　技术的变化风险及适当性的各项目分析资料及方法

主要评估项目	分析资料来源	方法及内容
技术变化程度	技术的详细内容（时间、形式、设备、规模）；功能和主要特征；技术生命周期和进行事项	评估技术的优缺点；分析中长期影响；技术的变化程度／成熟度
技术开发、失败风险	技术在经营中的作用；现有技术存在的问题；新技术的效果及优势	评估技术是否有助于保持竞争力；评估新技术能否克服现有技术的缺点；采用新技术带来的潜在好处
技术替换费用	技术替换费用分析；资本支出与时机；技术／新技术的运营费用	分析新技术与现有技术的成本／利润

可判断为良好状态的主要依据是未来的技术变化与现有技术相比，属于渐进式的开发；企业的经营不只依赖于技术，因此技术开发失败不会导致竞争优势丧失；由于大多数是渐进的技术，而且开发不需要很多时间，因此技术替换费用不高。

可判断为一般状态的主要依据是未来的技术变化与现有技术相比，属于通过渐进式开发最终实现根本性变革的情况；新技术可以实现高生产率和新产品或服务的创新，因此技术开发失败将导致企业长期丧失竞争优势；潜在的技术替换费用在适当的范围内。

可判断为注意状态的主要依据是未来的技术变化会因短期开发而得到延迟，但是不可避免地会发生根本性的变革；由于技术优势是竞争优势的主要因素，因此持续的技术开发非常重要；需要较多的技术替换及开发费用。

可判断为危险状态的主要依据是未来的技术变化属于根本性变革，因此对单一技术或标准进行投资非常危险；为了确保竞争优势而完全依赖技术，并且对目前的技术投入大量投资，如果技术有变化时，目前的投资就会化为泡影；技术替换及技术开发需要巨额费用。

五、引进技术的适当性

如表4-13所示，引进技术的适当性主要的详细调查项目包括判断引进技术在本国是否适合经营，并且是否得到验证和广泛的采用；引进技术在本国的实用化阶段，是否存在经济效益或技术标准等方面的问题。

表4-13　引进技术的适当性的各项目分析资料及方法

主要评估项目	分析资料来源	方法及内容
是否适合经营	引进技术的占有率；其他企业的意见	现场访问及采访；确认是否完成技术验证；确认是否采纳及应用技术；类似技术清单
实用可能性	引进技术在国外使用的频率；与现有技术的差异及优缺点	采访管理层；确认引进技术时可能发生的问题；确认实际使用过程中可能发生的问题

可判断为良好状态的主要依据是引进技术被行业专家判断为最适合该行业的技术；被证明在本国最有效率，并且没有风险；属于本国的其他企业成功引进的技术。

可判断为一般状态的主要依据是引进技术被行业专家判断为适合该

行业的技术之一；在本国被认定为标准化技术；属于本国的其他企业顺利引进的技术。

可判断为注意状态的主要依据是虽然引进的技术属于可实现的技术之一，但是行业内专家对引进技术是否适合该行业尚存在争议；属于本国的其他企业引进时发生过一些问题的技术。

可判断为危险状态的主要依据是引进的技术不确定是否适合该行业，并且尚处于开发阶段；未按照本国的环境进行设计，因此不适合在本国使用；本国还没有其他企业引进过该技术。

六、技术的竞争力及专业性

如表4-14所示，技术的竞争力及专业性主要的详细调查项目包括判断是否获得经营所需的专业技术、该技术是否需要经过严格训练的专业人员操作（技术的难度）、是否高度依赖于掌握专业技术的少数专家。

表4-14　技术的竞争力及专业性的各项目分析资料及方法

主要评估项目	分析资料来源	方法及内容
获得专业技术	有关资格证的资料；引进技术的使用时间；成功及失败案例	评估引进技术的应用能力；高效使用的可能性
技术的难度	引进技术的相关人员（是否需要专业人员）；引进技术的相关基础技术	评估专业人员的必要性；人员及基础知识清单；确认所需人员的水平
依赖专家的程度	是否需要专业的培训；专业人员的比率；专业人员的资格要求	确认专业人员是否充足；专业人员流失时的对策

可判断为良好状态的主要依据是获得所有技术领域的竞争力；引进的技术不复杂，并且仅需最低限度的培训就可以使用；技术的使用得到很好的普及，大部分职员已掌握相关知识。

可判断为一般状态的主要依据是在目前的技术及类似技术的相关领域中，已获得竞争力；虽然需要进行系统教育，但是不需要复杂的资格条件；主要核心职员已掌握引进技术的相关知识。

可判断为注意状态的主要依据是因新技术或技术处于试验阶段，未能完全获得技术竞争力；因技术的特殊性，需要以具备多种专业资格条件的人员作为对象进行专业培训；只有少数的职员能掌握引进技术的相关知识。

可判断为危险状态的主要依据是在执行技术的过程中，存在很多问题；因技术的特殊性，几乎不能以具备多种专业资格条件的人员作为对象进行专业培训；几乎没有掌握引进技术方面知识的职员。

七、环境影响

如表 4-15 所示，环境影响主要的详细调查项目包括判断技术是否对环境产生消极影响；是否有环境机构反对技术引进；执行必要的环境影响应对方案时所需要的费用，是否对经营造成负担。

表 4-15　环境影响的各项目分析资料及方法

主要评估项目	分析资料来源	方法及内容
对环境产生的影响	技术对环境的潜在影响（正面/负面影响）	预测因技术引进导致的问题的重要性、严重性；遵守规定的能力及意志
环境机构的态度	相关机构清单（环境机构、社区、国外）；各机构的关注领域/影响力	机构的反对程度和活动；掌握环境机构的反对对经营产生的影响以及为了安抚环境机构制定的战略
需要的费用	相关机构规定的管理费用；因管理规定加强而导致的额外费用；未遵守规定可能带来的问题	确认支付环境管理费用之后的收益与现金流；预测遵守规定时可能发生的长期利润；经营前景

可判断为良好状态的主要依据是对自然环境几乎不产生影响；对环境问题不敏感，而且没有理由受到环境机构的反对；现有的环境污染控制标准值低于法定标准值，而且防止环境污染的主要设备价格也比较低廉。

可判断为一般状态的主要依据是对自然环境可能产生一些不良影响；环境机构可能会表示反对；虽然现有的环境污染控制标准值低于法定标准值，但是为了符合未来的法律标准，大幅增加设备时发生的费用非常高。

可判断为注意状态的主要依据是对自然环境产生严重的影响；得到环境机构和社区的反对；目前的环境污染控制标准值超过法定标准值，而符合现有及未来法定标准的主要环境污染治理设备的增设费用巨大，以致对经营前景产生影响。

可判断为危险状态的主要依据是该行业属于对自然环境产生最恶劣影响的行业；得到全社会的反对，并且受到国家的监管；符合现有和未来法定标准的主要环境污染治理设备的增设费用巨大，以致经营前景不明朗。

第三节　市场类评估项目及方法

一、竞争情况及市场占有率

如表 4-16 所示，竞争情况及市场占有率主要的详细调查项目包括判断市场占有率是否集中在少数企业、竞争对象是否局限于本国企业、竞争情况（价格或其他领域是否因竞争激烈而存在困扰）、进入市场的难度。

可判断为良好状态的主要依据是市场占有率集中在少数企业；竞争仅局限于本国；没有激烈的竞争，并且竞争者各自拥有自己的市场；进入门槛非常高，导致新加入的企业非常有限。

表 4-16　竞争情况及市场占有率的各项目分析资料及方法

主要评估项目	分析资料来源	方法及内容
市场占有率	十大竞争企业资料（销售额、资产、规模等）；整体行业资料	十大企业的市场占有率（最近五年的趋势）；五大企业的市场占有率；赫芬达尔—赫希曼指数（Herfindahl-Hirschman Index，HHI）以及行业集中度（Concentration Ratio，CR）指数

续表

主要评估项目	分析资料来源	方法及内容
竞争对象	进口规模；本国的生产量；总销售额；各原产地的进口现状	进口额占总销售额的比率；进口量与韩国生产量的比率；各原产地进口比率；各原产地竞争现状
竞争情况	媒体报道资料；行业采访资料	是否存在价格竞争及倾销；是否存在过度竞争
进入市场的难度	所需执照及许可事项；向企业提供支持的情况（税收减免等）	获得新执照的可能性；可以提供支持的内容；规模经济；变更规定的可能性

可判断为一般状态的主要依据是市场占有率虽然集中在少数企业，但是新企业的数量迅速增加；大部分市场被本国的企业占据，但是发展中国家及跨国企业也进入市场；虽然没有激烈的竞争，但是有潜在的竞争可能性；虽然进入市场有些困难，但是相关的监管或进入限制正在放松。

可判断为注意状态的主要依据是市场被多数企业占据；竞争企业正在世界范围内活动，并且能够动员海外资源和力量；整体市场侧重于价格竞争，导致利润非常少；比较容易进入市场。

可判断为危险状态的主要依据是市场被众多企业占据，并且进入和退出频繁；竞争企业在世界范围内活动，并且商品可以自由流动；竞争企业为了维持运营，进行倾销或展开激烈的价格竞争；很容易进入市场。

二、替代品的威胁可能性

如表 4-17 所示，替代品的威胁可能性主要的详细调查项目包括判断企业的产品是否受到来自其他行业替代品的威胁、是否存在与其他行业进行可增加产品价值的合作的可能性。

表 4-17　替代品的威胁可能性的各项目分析资料及方法

主要评估项目	分析资料来源	方法及内容
其他行业替代品的威胁	替代品调查；替代品销售企业（销售额及成果等）	分析替代品对经营产生的影响；调查对企业产品形成威胁的替代品

主要评估项目	分析资料来源	方法及内容
与其他行业合作的可能性	捆绑销售商品的销售标准；与潜在竞争企业之间的合作可能性	与潜在竞争企业合作；与替代品销售企业合作

可判断为良好状态的主要依据是因企业产品的差异化特点，替代品不构成威胁；与其他行业合作，获得可增加销售额的潜在机会。

可判断为一般状态的主要依据是产品的差异性很大，但是正在出现应对这种差异性的新方案；虽然与其他行业合作可以获得增加销售额的机会，但是因结构性或其他竞争因素，很难实现这样的机会。

可判断为注意状态的主要依据是产品受到替代品的威胁、几乎没有与其他行业合作的机会。

可判断为危险状态的主要依据是产品与替代品相比，没有竞争力；长期前景不明朗；几乎没有与其他行业合作的机会。

三、市场主导能力及竞争优势

如表4-18所示，市场主导能力及竞争优势主要的详细调查项目包括判断市场占有率是否达到能够主导市场的高度、是否拥有主导市场变化的主要竞争力、是否努力确保竞争优势。

表4-18　市场主导能力及竞争优势的各项目分析资料及方法

主要评估项目	分析资料来源	方法及内容
市场占有率	各企业的市场占有率	分析市场占有率的决定性因素；评估增加市场占有率的能力；价格竞争力；销售渠道及客户的认知程度
竞争实力	核心成功因素列表；确认核心成功因素能否持续；掌握行业趋势	比较行业的核心成功因素、进行能力评估；保持竞争优势的可能性
确保竞争优势	成果改善项目列表；战略实施计划	评估成果改善项目和计划执行成果

可判断为良好状态的主要依据是企业作为市场的领导者，其规模和实力远大于位列第二的竞争企业；作为得到市场认可的领军企业，在推出新产品及价格变化等方面，被大部分竞争企业跟随；为了确保竞争优势并且作为年度战略的一部分，持续开展产品优化活动。

可判断为一般状态的主要依据是企业位于行业顶端；作为得到市场认可的领导者之一，在推出新产品及价格变化等方面，经常被大部分竞争企业跟随；为了确保竞争优势，经常开展产品优化活动。

可判断为注意状态的主要依据是企业在行业中属于中等规模；不具备特别的竞争优势，在推出新产品及价格变化等方面，没有竞争企业追随；在改善竞争力及实现竞争优势方面，很少进行计划和实践。

可判断为危险状态的主要依据是企业在行业中属于小规模企业；与排名靠前的企业的规模相比，规模微小；不具备竞争优势，竞争企业不感兴趣；在改善竞争力及实现竞争优势方面，完全没有计划和实践。

四、销售的稳定性

如表 4-19 所示，销售的稳定性主要的详细调查项目包括判断销售是否集中于少数客户、销售是依靠价格还是利益关系、是否依靠一个或少数商品开展销售活动。

表 4-19　销售的稳定性的各项目分析资料及方法

主要评估项目	分析资料来源	方法及内容
销售集中度	客户数量／平均合作时间；与排名前 20% 客户的交易金额与交易期间	经营集中度；排名前 10% 的客户比重；排名前 20% 的客户比重
销售价格	每月销售量及价格变动；交易期间，与竞争企业的价格对比	价格变动与销售额之间的关系；评估各交易期间企业的忠诚度；确认对销售产生影响的因素是价格还是关系
销售活动	各种商品的收入与利润分析；各种商品的销售目标；推出新产品的时间	计算各种商品的销售依赖度；计算各企业的销售依赖度；评估新产品的推出效果

可判断为良好状态的主要依据是客户较多并且细分化，80%的销售通过30%以上的客户实现；销售主要不是通过价格竞争，而是根据非价格竞争因素和长期的交易关系以及信用实现；市场及商品构成非常多样化。

可判断为一般状态的主要依据是客户较多并且细分化，80%的销售通过20%~30%的客户实现；虽然通过长期的交易关系和信用实现销售，但是价格逐渐成为重要因素；市场及商品的构成比较多样化。

可判断为注意状态的主要依据是80%的销售集中于10%~20%的客户；销售主要不是通过长期的交易关系和信用，而是通过价格竞争实现；销售依赖的是与市场中其他商品类似的一些商品。

可判断为危险状态的主要依据是客户的数量有限，80%的销售额集中于10%以下的客户；销售主要不是通过长期的交易关系和信用，而是通过价格竞争来实现；销售完全依赖于一种商品。

第四节　股东及经营者类评估项目及方法

一、主要股东的影响力

如表4-20所示，主要股东的影响力主要的详细调查项目是判断大股东的变动及管理者继任是否对企业经营活动产生消极影响、关联企业及大股东带来的积极影响和消极影响、股东及管理层的作用以及决策体系是否有很好的定位。

表4-20　主要股东的影响力的各项目分析资料及方法

主要评估项目	分析资料来源	方法及内容
大股东的变动、管理者继任	主要股东名册（最近三年）	主要股东所持有的股份；所有权分散程度；股东参与经营的水平

主要评估项目	分析资料来源	方法及内容
关联企业及大股东的影响力	主要股东信息（投资期限、决策内容）；主要关联企业的财务状况；关联企业担保/内部交易明细	评估对主要决策的支持水平；关联企业的资金支持实力；分析关联企业内部交易
股东及管理层职能决策体系	组织图；董事会/经营委员会职能/名册；职务描述	有关董事会/经营委员会职能及责任的规定；确认实际经营者

可判断为良好状态的主要依据是因关联企业及大股东的财力充足，容易获得资金支持；股东的作用以及经营结构和决策体系都有很好的定位；内部及外部的利益相关者之间有良好的沟通。

可判断为一般状态的主要依据是几乎与关联企业及大股东没有资金支持关系；股东及管理层的职能不明确，但是在一定程度上，主要的经营结构及决策体系已经确立。

可判断为注意状态的主要依据是股东变动及管理者继任对企业经营活动产生一些负面影响；关联企业及大股东的财务状况不佳，成为负面因素；整体上股东及管理层的职能不明确，并且经营结构未形成体系。

可判断为危险状态的主要依据是主要的股东变动及管理者继任对公司经营活动造成严重的危险；因关联企业及大股东的财务问题严重，以致企业破产的可能性很高；股东及管理层的职能和决策体系混乱。

二、经营者的资质及影响力

如表4-21所示，经营者的资质及影响力主要的详细调查项目包括判断经营者是否获得企业内部及外部的信任、是否具备应对危机的能力；管理层参与同行业的经验和技术、协会活动、社区等，是否有利于经营活动；经营者是否具有良好的经营观念。

表 4-21　经营者的资质及影响力的各项目分析资料及方法

主要评估项目	分析资料来源	方法及内容
获得企业内部及外部信任的程度、应对危机的能力	经营活动记录；诉讼及媒体报道内容	评估经营活动（声誉及诚信度）；分析诉讼范围和媒体报道的内容
经营者的实力对经营活动产生的影响	是不是行业 / 团体的会员；社区参与程度；营业执照副本；犯罪记录	行业 / 协会的参与程度及时间；犯罪内容、程度、性质等
专注经营的状态	是否参与无关经营的活动（政治、宗教、兴趣等）；经营者的出勤记录	采访职员；行业的声誉；掌握经营哲学

可判断为良好状态的主要依据是经营者或企业所有者得到企业内外的尊敬，并且兼具大胆实践的领导能力和卓越的危机应对能力；管理层具有丰富的产业化相关学识和经验，在行业和协会等部门担任主要职务，并且积极参与社区活动，对经营活动非常有帮助；经营者只专注于经营活动。

可判断为一般状态的主要依据是经营者或企业所有者虽然得到企业内外的尊敬，但是大胆实践的领导能力有所降低，并且应对危机的能力处于一般水平；管理层对产业化的学识和经验虽然丰富，但是较少参与行业和协会及社区活动，导致应用行业信息的能力不足；经营者基本上专注于经营活动。

可判断为注意状态的主要依据是经营者或企业所有者在企业内外的信任度降低，而且目前面临严重的诉讼问题，应对危机的能力不强；管理层缺乏学识和经验，并且很少参与行业和协会及社区活动，导致不能为经营活动提供帮助；经营者未能专注于经营活动，并且没有取得经营成果的内驱力。

可判断为注意状态的主要依据是经营者或企业所有者因在企业内外的信任度低而受到排斥，频繁受到诉讼的困扰，并且完全没有应对危机的能力；管理层完全没有行业经验，并且在行业和协会及社区中不受欢迎；经营者参加与经营不相关的政治活动等，导致对经营活动的专注度极差。

三、经营战略的制定及经营管理状态

如表 4-22 所示，经营战略的制定及经营管理状态主要的详细调查项目包括判断是否明确提出主导市场的目标，是否为了实现目标，制定并实施系统性经营战略；经营活动的管理状态是否具有系统性；劳资关系是否和谐。

表 4-22　经营战略的制定及经营管理状态的各项目分析资料及方法

主要评估项目	分析资料来源	方法及内容
经营战略	企业目标及战略规划；管理层的采访资料；竞争企业的目标和战略；战略计划的年度预算	评估目标的存在、一致性、明确性、合理性；战略计划的合理性（最佳、优秀、较差等）
管理状态	经营计划实施进度记录表；生产管理日志	确认实施情况；了解企业氛围；提出关于经营活动及实施情况的意见
劳资关系	劳资纠纷事实确认书	采访工会负责人；听取关于劳资合作关系的意见

可判断为良好状态的主要依据是具有明确的目标，并且通过经营活动目标变得更加明确；为了实现目标，制定和实施系统性的经营战略；经营活动（成本管理、存货管理、生产管理、销售管理等）的管理状态非常好；劳资双方充分理解彼此的问题，合作顺利，对经营有帮助。

可判断为一般状态的主要依据是具有目标，并且通过经营活动逐渐明确；制定实现目标的系统性经营战略；整体经营活动的管理状态大体上良好；劳资关系保持正常状态。

可判断为注意状态的主要依据是没有明确的目标，只急于进行一年的预算管理；整体经营活动的管理状态不太好；劳资关系不稳定。

可判断为危险状态的主要依据是没有明确的目标，仅为一年的预算管理也无法与经营产生有效的联系；经营活动的整体管理状态很差；因劳资关系恶化而面临严重的经营风险。

四、销售管理能力及销售集中度

如表 4-23 所示，销售管理能力及销售集中度主要的详细调查项目包括判断现金方式的销售比重、应收账款的平均回收期是否适当；回收期增加时，应收账款的坏账可能性；各地区或各企业的销售集中度；对于可能无法收回的债权，是否设置坏账准备（Allowance for Bad Debts）。

表 4-23　销售管理能力及销售集中度的各项目分析资料及方法

主要评估项目	分析资料来源	方法及内容
现金销售比重	各种销售形式的分析资料（现金/信用）；与同行业的对比资料	分析现金及信用方式的销售（比率及趋势）
应收账款的平均回收期	应收账款的规模及回收期；根据销售日期分析信用销售	分析平均回收期的趋势；比较平均回收期；与同行业的现状进行比较
应收账款的坏账可能性	应收账款的规模及回收期；根据销售日期分析信用销售	采访企业的管理层
销售集中度	各地区的销售分析（国内、国外）；排名前50家企业及集中度	分析各地区的销售趋势；分析各企业的销售趋势
是否设置坏账准备	逾期应收账款的资料；年度坏账准备	比较逾期应收账款与坏账准备的设置比率

可判断为良好状态的主要依据是大部分为现金方式的交易或一个月以内的赊账交易；平均回收期稳定；每个客户的应收账款不超过 1%，并且各类（行业、地区等）应收账款不超过 20%；对于可能无法收回的债权，设置坏账准备。

可判断为一般状态的主要依据是大部分为三个月以内的赊账交易；平均回收期没有太大变化；每个客户的应收账款为 1%~5%，并且各类（行业、地区等）应收账款不超过 20%~40%；对于可能无法回收的债权，设置合理的坏账准备。

可判断为注意状态的主要依据是大部分为三个月以上的赊账交易；平均回收期偶尔超过约定支付期限；每个客户的应收账款为 3%~10%，并且各类（行业、地区等）应收账款在 40%~60%；对于可能无法回收的债权，未设置坏账准备。

可判断为危险状态的主要依据是大部分为五个月以上的赊账交易；平均回收期经常超过约定支付期限，并且期限变得越来越长；每个客户的应收账款为10%以上，并且各类（行业、地区等）应收账款超过60%；对于可能无法回收的债权，未设置坏账准备。

第五章 企业实力的诊断方法

编写企业实力诊断案例时，需要以企业的法定代表人和相关管理人员作为对象，通过直接采访，对各个主要项目进行评估。在进行评估前，应引导他们充分说明经营目的，并进行客观的陈述。尤为重要的是，要确定采访内容的主要顺序，并使受访者按照这个顺序主动地提出意见。对每个项目进行提问式的采访是不可取的。当受访者主动表达意见后，再对不够具体的部分进行详细的提问，最后结束采访。

主要的采访顺序如下：

首先，对经营动机、选择该经营项目的原因、各经营项目的市场性、技术及服务竞争力、研发现状、生产现状、营业及营销现状、财务状况、未来的投资计划等进行采访。

其次，对人员管理情况、有形资产、合同、税务等经营管理现状以及开拓海外市场的方案和网络构建情况等进行采访。

对于正在进行的其他经营业务，确认销售现状、业务的进展情况、国内外认证现状、专利等知识产权的持有现状等，并对遗漏的项目进行追加提问。另外，还要确认最近 3~5 年的销售额、营业利润等财务信息，并就未来销售额的变化听取意见。诊断企业实力的主要项目与内容如表 5-1 所示。

表 5-1　诊断企业实力的主要项目与内容

主要项目	主要内容
基本事项	经营目的、选择该经营项目的原因、市场性、竞争力 研发现状、生产 / 营业 / 营销现状、财务状态 / 投资计划

续表

主要项目	主要内容
经营事项	人员管理、经营管理（有形资产/合同/税务）、海外市场/网络
销售、知识产权	销售现状、认证、知识产权、销售额/营业利润 （最近五年、未来三年）

　　企业实力的诊断多用于判断企业在接受咨询后得到改善的程度。进行企业实力诊断时需要特别注意的是，不同产业和行业的特点不同，创业程度也不同，仅仅使用单一标准进行评估，无法全面地判断企业实力。因此要进行适当的调整并制定相应的内部标准。

　　诊断企业实力的主要项目与详细项目，如表5-2所示。表格中的具体分数只是示例，实际操作时，应根据具体情况进行调整。

表5-2　企业实力诊断

企业实力的诊断项目			
诊断领域	诊断项目	具体项目	分数
经营计划 （300）	1. 领导能力（50）	（1）经营目标及经营方针	20
		（2）管理层的意志及热情	20
		（3）社会责任与贡献	10
	2. 经营战略（150）	（1）分析市场吸引力	20
		（2）制定中长期战略	50
		（3）制定实施计划	50
		（4）战略性研发投资	30
	3. 财务战略（100）	（1）中长期财务战略	40
		（2）筹措资金的具体方案	30
		（3）政府支持项目及引进投资	30
实施管理 （300）	4. 技术管理（120）	（1）技术竞争力	30
		（2）生产管理	30
		（3）技术开发投资	30
		（4）无形资产	30
	5. 人力资源管理（80）	（1）人力资源管理	40
		（2）激励/薪酬制度	40

续表

企业实力的诊断项目			
诊断领域	诊断项目	具体项目	分数
实施管理（300）	6. 经营管理（100）	（1）有形资产	40
		（2）合同及法律	20
		（3）税务	20
		（4）客户管理	20
销售管理（300）	7. 营销和营业管理（300）	（1）新产品/营销管理	45
		（2）销售/渠道管理	45
		（3）宣传/品牌管理	45
		（4）销售价格管理	45
		（5）营销/营业工具	30
		（6）营销部门	30
		（7）营业部门	30
		（8）海外营销	30
共同项目（100）	8. 经营成果（100）	（1）成果水平	50
		（2）成果趋势	50
合　计			1000

第一节　经营计划

一、领导能力

1. 经营目标及经营方针

如表 5-3 所示，该项目的主要诊断方法是通过判断经营者的目标和战略的具体程度、是否设置适当的目标并与成员共享来进行评估。

表 5-3　经营目标及经营方针的诊断标准

详细说明	诊断标准	分数
提出目标及战略方向并设定目标	（1）经营者没有目标	4
	（2）经营者虽然有目标，但是根据不同的情况经常变更目标	8
	（3）虽然有目标，但是缺乏具体性，并且优先解决当前的未决事项	12
	（4）虽然有着具体的目标，但是很少与成员共享信息	16
	（5）公布企业的目标，与成员共享信息	20

2. 管理层的意志及热情

如表 5-4 所示，该项目的主要诊断方法是通过判断管理层是否掌握市场和技术现状、是否以此为基础制定和实施企业的经营战略来进行评估。

表 5-4　管理层的意志及热情的诊断标准

详细说明	诊断标准	分数
管理层在参与和执行过程中的推动能力及热情	（1）完全没有	4
	（2）抽象且缺乏	8
	（3）一般水平	12
	（4）虽然优秀，但是有些不足	16
	（5）非常优秀	20

3. 社会责任与贡献

如表 5-5 所示，该项目的主要诊断方法是判断和评估管理层是否为了相关行业的未来积极履行责任与义务。

表 5-5　社会责任与贡献的诊断标准

详细说明	诊断标准	分数
管理层对行业的社会责任和贡献方面的认识	（1）完全没有	4
	（2）抽象且缺乏	8
	（3）一般水平	12
	（4）虽然优秀，但是有些不足	16
	（5）非常优秀	20

二、经营战略

1.分析市场吸引力

如表5-6所示，该项目的主要诊断方法是通过判断目标市场的潜在规模和增长率以及是否属于有前景的领域、未来能否获得主导市场的竞争优势来进行评估。

表5-6 分析市场吸引力的诊断标准

详细说明	诊断标准	分数
通过宏观环境与竞争环境，分析市场吸引力	（1）完全没有	4
	（2）抽象且缺乏	8
	（3）一般水平	12
	（4）虽然优秀，但是有些不足	16
	（5）非常优秀	20

2.制定中长期战略

如表5-7所示，该项目的主要诊断方法是通过判断中长期战略的必要性、是否定期制定战略并在经营中体现、是否系统地实施长期目标和课题来进行评估。

表5-7 制定中长期战略的诊断标准

详细说明	诊断标准	分数
通过客户及市场分析，制定中长期战略	（1）未认识到中长期战略的必要性	10
	（2）虽然认识到重要性，但是未制定中长期战略	20
	（3）虽然不定期地制定中长期战略，但是未在经营中体现	30
	（4）定期制定包含客户及市场分析的中长期战略	40
	（5）以中长期战略为基础，制定长期目标与课题，为了系统地实施而付出努力	50

3.制定实施计划

如表5-8所示，该项目的主要诊断方法是判断是否通过调查和分析竞争企业来制定和实施战略，并以此进行评估。

表 5-8　制定实施计划的诊断标准

详细说明	诊断标准	分数
通过调查竞争企业（技术），制定发展战略	（1）未认识到调查竞争企业的必要性	10
	（2）虽然认识到重要性，但是未对竞争企业进行调查	20
	（3）虽然进行了调查，但是未制定发展战略	30
	（4）通过调查竞争企业制定了发展战略，但是未在企业内全面共享，并且实施计划不够周详	40
	（5）以竞争企业的调查结果为基础，从企业整体的角度制定实施计划	50

4. 战略性研发投资

如表 5-9 所示，该项目的主要诊断方法是通过判断是否认识到研发投资的必要性并且推出研发项目、是否以客户的需求和竞争产品的评估作为基础进行研发投资来实施评估。

表 5-9　战略性研发投资的诊断标准

详细说明	诊断标准	分数
通过客户需求和竞争产品的评估及目标设定，进行研发投资	（1）未认识到研发投资的必要性	6
	（2）虽然认识到必要性，但是还未推出研发项目	12
	（3）因缺乏研发人员和组织，未能进行研发投资	18
	（4）虽然有研发人员和组织，但是因缺乏资金而未能进行研发投资	24
	（5）通过客户需求和竞争产品评估及目标设定，进行研发投资	30

三、财务战略

1. 中长期财务战略

如表 5-10 所示，该项目的主要诊断方法是判断是否认识到中长期财务战略的必要性并且解决问题、是否体现到经营中并且定期制定长期计划来进行评估。

表 5-10　中长期财务战略的诊断标准

详细说明	诊断标准	分数
为了实施经营计划，制定中长期财务战略	（1）未认识到中长期财务战略的必要性	8
	（2）虽然认识到必要性，但是优先解决当前的未决事项	16
	（3）虽然不定期制定中长期财务战略，但是未在经营中体现	24
	（4）按照经营计划，定期制定中长期财务战略	32
	（5）以中长期财务战略为基础，制定短期及长期计划并系统地实施	40

2. 筹措资金的具体方案

如表 5-11 所示，该项目的主要诊断方法是通过判断资金筹措的具体计划和执行方案来进行评估。

表 5-11　筹措资金的具体方案的诊断标准

详细说明	诊断标准	分数
按照财务战略，制定及实施资金筹措方案	（1）没有实施意愿及计划	6
	（2）虽然有实施意愿，但是没有具体的执行计划	12
	（3）虽然有具体的执行计划，但是未实施	18
	（4）管理层正在努力实施计划	24
	（5）整个企业正在努力实施计划	30

3. 政府支持项目及引进投资

如表 5-12 所示，该项目的主要诊断方法是通过判断是否了解政府支持项目、是否利用政府支持项目积极引进投资来进行评估。

表 5-12　政府支持项目及引进投资的诊断标准

详细说明	诊断标准	分数
了解及准备申请/筹措方案	（1）未认识到必要性	6
	（2）未了解相关信息	12
	（3）虽然了解相关信息，但是未做准备	18
	（4）虽然做了相关准备，但是没有进展	24
	（5）做了相关准备，并且获得申请/筹措成果	30

第二节 执行管理

一、技术管理

1. 技术竞争力

如表 5-13 所示，该项目的主要诊断方法是通过判断企业的目标项目或与韩国最高水平的企业及研究所相比，企业目前拥有的技术或服务的竞争力水平来进行评估。

表 5-13 技术竞争力的诊断标准

详细说明	诊断标准	分数
与竞争企业比较时的差别属性与竞争水平	（1）非常低	6
	（2）技术竞争力处于较低水平	12
	（3）技术竞争力处于同行业的类似水平	18
	（4）在材料、工艺、设计、功能方面有优势	24
	（5）以尖端水平引导着行业的技术发展	30

2. 生产管理

如表 5-14 所示，该项目的主要诊断方法是通过判断是否拥有独立的生产管理和质量管理部门以及管理水平来进行评估。

表 5-14 生产管理的诊断标准

详细说明	诊断标准	分数
生产质量管理及生产设备的改善水平	（1）没有独立的部门，未能实施管理	6
	（2）没有独立的部门，只进行基本的管理	12
	（3）虽然有独立的部门，但是只进行基本的管理	18
	（4）有独立的部门并且系统地进行管理，但是有不足的部分	24
	（5）有独立的部门，管理水平非常优秀	30

3. 技术开发投资

如表 5-15 所示，该项目的主要诊断方法是通过比较和判断相关行业的经营项目、产品、技术开发与销售额及投资规模来进行评估。另外，还通过判断最近三年与大学或相关研究机构进行共同研究及咨询的内容来进行评估。

表 5-15　技术开发投资的诊断标准

详细说明	诊断标准	分数
关于经营项目、产品、技术开发投资费用	（1）不进行技术开发投资	4
	（2）虽然进行技术开发投资，但是低于相应部门的平均水平	8
	（3）处于相应部门的平均水平	12
	（4）高于相应部门的平均水平	16
	（5）比相应部门的平均水平高出很多（两倍以上）	20
与研究机构的合作关系	（1）未认识到必要性	2
	（2）虽然有实施意愿，但是还未进行过共同研究/咨询	4
	（3）目前正在准备进行共同研究及咨询	6
	（4）进行过一次以上共同研究及咨询	8
	（5）进行过四次以上共同研究及咨询	10

4. 无形资产

如表 5-16 所示，该项目的诊断方法是通过确认可促进经营的执照持有现状及判断是否拥有与经营有关的认证和专利等知识产权来进行评估。

表 5-16　无形资产的诊断标准

详细说明	诊断标准	分数	
		执照	认证/专利
企业拥有的执照、认证和专利的产业化关联性	（1）没有任何执照、认证、专利	3	3
	（2）虽然拥有一些执照、认证、专利，但是用于经营还远远不够	6	6
	（3）虽然拥有一些执照、认证、专利，但是用于经营有些不够	9	9
	（4）已具备经营所需要的所有执照、认证、专利	12	12
	（5）已具备未来扩大经营所需要的执照、认证、专利	15	15

二、人力资源管理

1. 人力资源管理

如表 5-17 所示，该项目的主要诊断方法是通过判断是否构建人力资源管理体系、是否构建管理系统来进行评估。

表 5-17　人力资源管理的诊断标准

详细说明	诊断标准	分数
按照系统的步骤与规则进行的、有计划的人力资源管理	（1）未认识到必要性	8
	（2）虽然认识到必要性，但是还未构建人力资源管理体系	16
	（3）在人事与培训方面，只具备最低限度的功能	24
	（4）按照系统的步骤和规则，进行人力资源管理	32
	（5）已构建招聘、培训、职业发展管理等人力资源管理系统	40

2. 激励／薪酬制度

如表 5-18 所示，该项目的主要诊断方法是通过判断是否具备工资和报酬标准、是否具有系统的评估体系来进行评估。

表 5-18　激励／薪酬制度的诊断标准

详细说明	诊断标准	分数
实施具有客观性和可行性的评估制度及薪酬制度	（1）未认识到必要性	8
	（2）没有工资及薪酬的标准，任意执行	16
	（3）只有工作年限及职位体系的一般标准	24
	（4）对各部门和每个职员进行系统的评估	32
	（5）不仅有评估及薪酬体系，还有为促进业务而制定的奖励制度	40

三、经营管理

1. 有形资产

如表 5-19 所示，该项目的主要诊断方法是通过判断是否充分地具备用于经营的土地、生产设备、运输设备等有形资产来进行评估。

表 5-19 有形资产的诊断标准

详细说明	诊断标准	分数
经营企业所需要的土地、生产设备、运输设备等有形资产	（1）未具备有形资产	8
	（2）虽然具备一部分有形资产，但是用于经营还远远不够	16
	（3）虽然具备一部分有形资产，但是用于经营还有些不够	24
	（4）已具备经营所需要的所有有形资产	32
	（5）不仅具备目前经营所需要的所有有形资产，还具备未来扩大经营所需要的所有有形资产	40

2. 合同及法律

如表 5-20 所示，该项目的主要诊断方法是通过判断是否为了顺利完成业务而恰当地运用了可得到合同及法律支持的服务来进行评估。

表 5-20 合同及法律的诊断标准

详细说明	诊断标准	分数
完成业务所需要的合同、法律服务	（1）未认识到必要性	4
	（2）未使用服务，由管理层独自完成	8
	（3）通过人际关系网络得到帮助	12
	（4）对于需要协助的项目，有偿使用服务与相关支持	16
	（5）通过签订定期合同，接受相关服务	20

3. 税务

如表 5-21 所示，该项目的主要诊断方法是通过判断是否为了顺利地完成业务而恰当地运用了与税务相关的服务来进行评估。

表 5-21 税务的诊断标准

详细说明	诊断标准	分数
完成业务所需要的税务服务	（1）未认识到必要性	4
	（2）未使用服务，由管理层独自完成	8
	（3）通过人际关系网络得到帮助	12
	（4）对于需要协助的项目，有偿使用服务与相关支持	16
	（5）通过签订定期合同，接受相关服务	20

4. 客户管理

如表5-22所示，该项目的主要诊断方法是通过判断是否认识到管理客户的信用、应收账款（Accounts Receivable）、应付账款（Accounts Payable）的必要性并恰当地进行管理、对此是否制定了明确的内部标准来进行评估。

表5-22　客户管理的诊断标准

详细说明	诊断标准	分数
完成业务所需要的客户、合作企业信用管理	（1）未认识到必要性	4
	（2）虽然认识到必要性，但是未能进行管理	8
	（3）有需要时，不定期进行管理	12
	（4）虽然定期进行管理，但是没有制定内部标准	16
	（5）定期进行管理，并且制定了内部标准	20

第三节　销售管理

1. 新产品和营销管理

如表5-23所示，该项目的主要诊断方法是通过判断营销活动和投资计划的制定和实施来进行评估。

表5-23　新产品和营销管理的诊断标准

详细说明	诊断标准	分数
有计划地推出新产品制定、实施年度营销计划	（1）没有营销活动（投资）	9
	（2）虽然有必要进行营销活动（投资），但是还未进行	18
	（3）为了促进销售，进行了最低限度的营销活动（投资）	27
	（4）为了应对市场和竞争企业，推出新产品并进行营销活动	36
	（5）有计划地推出新产品，并且制定和实施年度营销计划	45

2. 销售和渠道管理

如表 5-24 所示，该项目的主要诊断方法是通过判断是否制定营业活动方面的具体销售战略、是否为了市场和客户制定系统的计划来进行评估。

表 5-24　销售和渠道管理的诊断标准

详细说明	诊断标准	分数
制定具体的销售战略及运营项目	（1）没有营业活动	9
	（2）营业活动的重点是销售目标，而且大部分依赖于管理层	18
	（3）营业活动的重点是接受订单、遵守交货期等对现有客户的内部管理	27
	（4）详细地制定了销售战略，并且运营了促进实施的项目	36
	（5）根据市场、客户分析与营销的评估结果，制定计划	45

3. 宣传和品牌管理

如表 5-25 所示，该项目的主要诊断方法是通过判断是否制定适合宣传和品牌管理的投资计划、是否为此构建了相关组织来进行评估。

表 5-25　宣传和品牌管理的诊断标准

详细说明	诊断标准	分数
根据预算计划实施系统化的宣传和品牌管理	（1）未认识到宣传及广告投资的必要性	9
	（2）虽然认识到必要性，但是未进行管理	18
	（3）为了维持销售，进行宣传及广告投资	27
	（4）虽然制定了预算计划并进行系统化的宣传和品牌管理，但是没有单独的组织	36
	（5）有单独的负责人和组织，并从强化品牌资产的角度进行宣传及广告投资	45

4. 销售价格管理

如表 5-26 所示，该项目的主要诊断方法是通过判断计算销售价格时是否恰当地反映了市场变化、是否考虑了客户及销售渠道的情况来进行评估。

表 5-26　销售价格管理的诊断标准

详细说明	诊断标准	分数
按照销售渠道及市场变化进行的销售价格管理	（1）未认识到系统地计算销售价格的必要性	9
	（2）未判断和反映销售渠道及市场变化等外部因素，仅依靠管理层的判断进行	18
	（3）按照各客户和销售渠道的要求，进行一次定价	27
	（4）虽然有内部的销售价格标准，但是未能反映市场变化，而是根据客户及销售渠道的要求进行变更	36
	（5）具备内部的销售价格标准，能够反映市场变化，并且按照各客户及销售渠道的情况确定价格	45

5. 营销和营业工具

如表 5-27 所示，该项目的主要诊断方法是通过判断是否拥有营销和营业所需要的宣传品或产品介绍等资料来进行评估。

表 5-27　营销和营业工具的诊断标准

详细说明	诊断标准	分数
营销和营业所需要的宣传品、产品介绍资料等工具	（1）未认识到必要性	6
	（2）虽然认识到必要性，但是未准备营销和营业所需要的工具	12
	（3）虽然拥有一部分工具，但是用于营销和营业还远远不够	18
	（4）虽然拥有一部分工具，但是用于营销和营业有些不够	24
	（5）拥有营销和营业所需要的所有工具	30

6. 营销部门

如表 5-28 所示，该项目的主要诊断方法是通过判断是否拥有独立的营销部门以及负责人的执行能力来进行评估。

表 5-28　营销部门的诊断标准

详细说明	诊断标准	分数
独立的营销部门或负责人以及负责人的执行能力	（1）未认识到拥有独立的营销部门和负责人的必要性	6
	（2）虽然有必要性，但还没有设置独立的营销部门和负责人	12
	（3）虽然拥有独立的营销部门和负责人，但是还不足以满足需求	18
	（4）虽然拥有独立的营销部门和负责人，但是水平一般	24
	（5）拥有优秀的营销部门和负责人	30

7. 营业部门

如表 5-29 所示，该项目的主要诊断方法是通过判断是否拥有独立的营业部门以及负责人的执行能力来进行评估。

表 5-29　营业部门的诊断标准

详细说明	诊断标准	分数
独立的营业部门或负责人以及负责人的执行能力	（1）未认识到拥有独立的营业部门和负责人的必要性	6
	（2）虽然有必要性，但还没有设置独立的营业部门和负责人	12
	（3）虽然拥有独立的营业部门和负责人，但是还不足以满足需求	18
	（4）虽然拥有独立的营业部门和负责人，但是水平一般	24
	（5）拥有优秀的营业部门和负责人	30

8. 海外营销

如表 5-30 所示，该项目的主要诊断方法是通过判断海外扩张的必要性、是否进行市场调查及制定海外扩张战略来进行评估。

表 5-30　海外营销的诊断标准

详细说明	诊断标准	分数
制定海外扩张的市场分析、战略及实施计划	（1）未认识到海外扩张的必要性	6
	（2）虽然认识到海外扩张的必要性，但是未做出海外扩张准备	12
	（3）为了向海外扩张，正在进行市场调查	18
	（4）为了向海外扩张，正在进行市场调查，并准备制定整体战略	24
	（5）制定了详细的海外扩张战略和实施计划，并且有出口业绩	30

第四节 共同项目

1. 成果水平

如表 5-31 所示，该项目的主要诊断方法是通过与相关行业比较增长性、收益性、稳定性比率来进行评估。

表 5-31　成果水平的诊断标准

详细说明	诊断标准	分数		
		增长性	收益性	稳定性
在增长性、收益性、稳定性的层面上，与相关行业比较成果	（1）与相关行业相比，成果低于平均水平	10	5	5
	（2）与相关行业相比，取得平均水平的成果	15	10	10
	（3）与相关行业相比，取得平均水平以上的成果	20	15	15

2. 成果趋势

如表 5-32 所示，该项目的主要诊断方法是通过与相关行业比较增长性、收益性、稳定性方面的未来趋势来进行评估。

表 5-32　成果趋势的诊断标准

详细说明	诊断标准	分数		
		增长性	收益性	稳定性
考虑了增长性、收益性、稳定性的相关企业成果水平趋势	（1）成果处于下降趋势	4	3	3
	（2）成果水平没有增长，保持原来的水平	8	6	6
	（3）成果开始呈现增长趋势（一年）	12	9	9
	（4）成果持续增长两年以上	16	12	12
	（5）成果持续增长三年以上	20	15	15

第五节　编写结果报告

一、企业的基本信息

编写结果报告时，需要记录企业的基本信息和受访者的个人资料。基本信息包括法定代表人姓名、成立日期、注册资本、行业、总公司及分公司现状及地址、员工人数、主要产品名称、企业历史等内容。经营现状包括项目概要、业务领域、销售及供货企业的情况、设备现状、各项目的销售规模等。

二、各详细项目的诊断分数

编写研究报告时，需要记录之前提及的诊断表中各详细项目的诊断分数。记录每个诊断项目的合计分数后，以此为基础记录总合计分数。通过这些总合计分数可以知道与满分之间的差距。但是由于各产业、各行业的标准不同，除了使用绝对值来判断实力，更应该制定内部标准来进行评估。特别是各诊断项目的分数相对高于或低于其他领域时，有必要再次进行确认。

三、企业诊断意见

编写企业诊断意见时，以叙述方式记录之前八个主要诊断项目的采访内容。这些意见虽然是诊断分数的依据，但更为重要的是记载难以用诊断分数描述的定性内容。尤其创业企业和小企业在很多情况下难以满足诊断表中的标准。如果能考虑到这些情况，对没有定量体现的部分，以叙述的方式记录所探讨的内容，就能对企业更加了解，因此是非常重要的部分。

四、综合诊断意见

综合诊断意见是对诊断内容做出的综合结论，具体方法是对之前评估的诊断表定量结果和企业诊断意见中的定性意见进行整理，并记载最终结果。除此之外，还提出了特别事项和现状等，为综合诊断意见提供了依据。

五、财务信息

记录最近五年的财务信息和未来三年的财务信息，判断这期间企业的销售业绩和利润水平及未来的增长趋势，并以此判断企业的财务状况。

六、其他事项

企业实力的诊断并非是单纯地进行一次性评估和判断，在大部分情况下是为了判断企业持续的变化情况。进行初期诊断后，还应该持续进行第二次、第三次、第四次评估，并以此作为判断企业是否朝着好的方向或者不好的方向前进的依据。企业实力的多次诊断尤其可以使投资于企业的机构能够持续地管理企业，提前掌握问题所在，为企业保留优秀人才，为经营提供综合咨询，因此是非常重要的方法。

第六章 技术信用评估理论与实践

——以韩国为例

以投资为目的的技术评估模型不同于现有的银行业等机构以企业的稳定性及破产风险预测为中心的评估，而是以企业的技术实力为基础，预测未来的增长潜力，发掘投资对象并提供恰当支持的模型。

技术评估模型集中评估技术性和市场性项目后，还对未来的增长潜力进行评估。并且通过调查实际进行投资决策时使用的核心评估因素，强调技术性、增长性、收益性、企业家精神、可靠性等评估指标。为了提高评估的准确性，按照成长阶段分为产业化之前的企业、产业化之后的企业、一般企业三种模型。

技术评估模型会消除投资机构和技术企业之间的信息不对称现象，并将促进技术融资的发展。因此，政府和金融机构今后应该持续合作，结合实际情况发展评估模型。

技术评估模型由专家评分模型和统计评分模型组成，并以相互结合的形式存在。专家评分模型以专家意见为基础设定权重，并以此为基础构成评分模型，反映未来的前景。统计评分模型以技术评估资料和统计依据为基础，预测未来发展潜力。该模型在一般情况下以过去的业绩为基础进行评分。

第一节　技术评估等级

技术评估等级分为十级，并以判断未来增长潜力的形式进行定义。计算等级时，首先确定适用模型；其次按照技术评估表提示的方法进行评估；最后通过专家评分模型计算出综合分数，并确定等级。

确定适用模型时，需要对应企业的成长阶段。因此，对前面提及的三种模型进行了简单的梳理，具体如表 6-1、表 6-2 所示。评估组首先根据创业与否进行一次区分，其次根据产业化与否进行详细的区分。

表 6-1　确定适用模型时对各发展阶段企业的定义

区分	定义
产业化之前的企业	创业后五年内未推出产品
产业化之后的企业	创业后五年内推出产品
一般企业	创业五年以上

表 6-2　等级构成及定义

等级区分	技术实力	增长潜力	未来增长的可能性
技术一级	非常优秀	优秀	最高水平
技术二级	非常优秀	优秀	非常优秀
技术三级	优秀	良好	优秀
技术四级	优秀	良好	可能性很高
技术五级	良好	一般	有可能性
技术六级	良好	一般	有一些可能性
技术七级	较差	较差	较低
技术八级	较差	较差	低
技术九级	差	差	低
技术十级	差	差	非常低

第二节　各技术评估项目的分析事项及评估意见

以投资为目的的技术评估模型的详细分析项目分为一级项目、二级项目、三级项目。产业化以前和产业化以后的创业企业和一般企业的相应项目略有差异。进行评估时，在各项目上设定权重，权重的总和设定为一百分，并以此为基础决定技术信用评估的等级。表6-3 中所列的各详细项目的权重只是一个示例，根据不同的国家、产业、行业、时期，可能会有不同的权重，因此有必要根据实际情况进行适当的调整后再做出判断。

表 6-3　以投资为目的的技术评估模型的详细项目及分数（示例）

一级项目	二级项目	三级项目	权重		
			创业企业		一般企业
			产业化之前	产业化之后	
经营实力	企业家精神与可靠性	企业家精神	4.6	3.2	2.9
		可靠性	4.6	3.2	2.9
	最高经营者	同行业经验水平	5.3	3.6	3.0
		技术知识水平	5.3	3.6	3.0
		技术理解度	5.3	3.6	3.0
	管理层	管理层的专业性	2.5	2.2	2.8
		资本参与度	2.5	2.2	2.8
		与企业经营者的合作	2.5	2.2	2.7
技术性	技术开发现状	技术开发成果及获奖经历	1.2	1.3	1.4
		知识产权的持有现状	1.2	1.3	1.4
		研发投资	1.2	1.3	1.4
	技术开发能力	技术开发部门	1.6	2.0	2.2
		技术人员水平	1.6	2.0	2.2
		技术人员管理	1.6	2.0	2.2

续表

一级项目	二级项目	三级项目	权重		一般企业
			创业企业		
			产业化之前	产业化之后	
技术性	技术创新性	技术的差异性	3.4	3.8	3.4
		技术在生命周期中的位置	3.4	3.8	3.4
	技术的自主化程度及扩张性	技术的自主化程度	1.9	2.8	2.4
		技术溢出效应	1.9	2.8	2.4
		技术的成熟度	1.9	—	—
	技术保护	模仿难度	2.1	2.5	2.3
		技术保护能力	2.1	2.5	2.3
市场性	市场现状	市场规模	4.4	4.4	4.2
		市场的增长性	4.4	4.4	4.2
	竞争现状	竞争情况	2.7	2.4	3.6
		法律、法规等制约及积极因素	2.7	2.4	3.6
		进入市场的难度	2.7	2.4	—
	产品竞争力	市场占有率	—	3.3	3.8
		与竞争产品比较时的优势	6.2	3.3	3.8
		产品知名度	—	3.3	3.8
商业性	经营能力	生产能力	2.7	3.0	2.8
		营销能力	2.7	3.0	2.8
		客户的多样性及稳定性	2.7	3.0	2.8
		筹资能力	2.7	3.0	2.8
	未来前景	发展前景	4.2	5.1	5.9
		收益前景	4.2	5.1	5.8
分数合计			100.0	100.0	100.0

判断前面提及的技术等级时，以各项目的权重和根据企业情况分析的分数为基础，一共可以分为十个等级。设定各等级区间时，需要制定投资主体的内部标准，并以此为基础形成恰当的投资。表6-4中的等级区间设定只是一个示例，因此在实际应用时需要充分反映不同国家、产

业、行业的情况，并根据投资主体的内部标准进行适当的调整。

表 6-4　以投资为目的的技术评估模型的等级区间设定（示例）

等级区分	一般企业	创业企业	
		产业化之前	产业化之后
技术一级	70.0 分以上	90.0 分以上	85.0 分以上
技术二级	42.4 分以上	65.0 分以上	53.0 分以上
技术三级	35.7 分以上	44.0 分以上	40.0 分以上
技术四级	30.5 分以上	33.0 分以上	32.7 分以上
技术五级	26.7 分以上	26.6 分以上	28.1 分以上
技术六级	17.3 分以上	16.0 分以上	18.0 分以上
技术七级	15.0 分以上	15.0 分以上	15.0 分以上
技术八级	13.0 分以上	13.0 分以上	13.0 分以上
技术九级	10.0 分以上	10.0 分以上	10.0 分以上
技术十级	10.0 分以下	10.0 分以下	10.0 分以下

只有正确判断等级才能降低投资的风险，因此要对前面提出的详细项目进行仔细的分析。各详细项目的主要评审项目和等级判断标准如下。

一、经营实力

1. 企业家精神与可靠性

（1）企业家精神。该项目通过评审企业家对成就的渴望、自我控制能力、风险承受能力等作为经营者必须具备的企业家精神进行评估。

主要评审项目如下：

1）对成就的渴望：制定明确的目标和具体的实现方法。

2）自我控制能力：对经营决策有自我调节能力和决断力。

3）风险承受能力：积极进入新的领域，经营意愿强烈。

4）创造力：摆脱固有观念，懂得灵活思考，富有创意。

5）自信心：对自己的能力有很强的把握，保持积极的思想和态度。

符合以上五个项目的情况，可评定为 A 级；符合四个项目的情况，可评定为 B 级；符合三个项目的情况，可评定为 C 级；符合两个项目的情况，可评定为 D 级；符合一个项目的情况，可评定为 E 级。

（2）可靠性。该项目通过分析企业内部和外部对经营者的评价和企业经营的透明性等进行评估。

主要评审项目如下：

1）得到企业内部的信任：最近一年之内没有拖欠工资或不履行与供应商之间交易条件的情况。

2）得到企业外部的信任：经营者构建了对外活动网络，声誉良好，并形成了长期的信任关系。

3）社会贡献度：曾获得社会贡献奖等，参加过将收益用于社会目的的再投资等与企业社会责任有关的活动。

4）人员信息透明性：未发生向非全职职员发放工资的情况。

5）资产透明性：股东、管理人员、职员的借出款项（包括暂付款）或股东、管理人员、职员的借入款项（包括暂收款）金额不到当期资产负债表中总资产的 3%。

符合以上五个项目的情况，可评定为 A 级；符合四个项目的情况，可评定为 B 级；符合三个项目的情况，可评定为 C 级；符合两个项目的情况，可评定为 D 级；符合一个项目的情况，可评定为 E 级。

2. 最高经营者

（1）同行业经验水平。该项目是对经营者的同行业工作经历的评估。但是，只有在大企业工作过并且从事过与申请企业的行业相同的领域，才可以将此认定为同行业经验。

主要评审项目如下：

1）经营者的同行业经验水平是指对行业的经验。

2）对同行业的认定只限于与韩国标准行业分类中行业相同的情况。

3）通过资历证明、营业执照副本、与经营者（实际经营者）面谈等确认。

4）大企业是指根据政府规定的标准进行分类的、除了中小企业以外的企业。

5）认定相关事项时，在技术评估报告上必须注明依据。

工作经历在 32 年以上时，可评定为 A 级；工作经历在 24 年以上时，可评定为 B 级；工作经历在 16 年以上时，可评定为 C 级；工作经历在 8 年以上时，可评定为 D 级；工作经历不到 8 年时，可评定为 E 级。

（2）技术知识水平。该项目根据"技术知识水平判断表"的标准（见表 6-5），评审经营者的专业领域、学位及资格证等。这部分内容还可以根据各种情况进行适当的修改和判断，并以此为基础重新制作表格。

表 6-5　技术知识水平判断表（参考示例）

区分	判断标准
特级技术人员	获得相关技术领域博士学位以后，从事相同领域业务 3 年以上的人员； 获得相关技术领域硕士学位以后，从事相同领域业务 9 年以上的人员； 获得相关技术领域学士学位以后，从事相同领域业务 12 年以上的人员； 获得高中以上学历，从事相关技术领域业务 18 年以上的人员
高级技术人员	获得相关技术领域博士学位以后，从事相同领域业务未满 3 年的人员； 获得相关技术领域硕士学位以后，从事相同领域业务 6 年以上的人员； 获得相关技术领域学士学位以后，从事相同领域业务 9 年以上的人员； 获得高中以上学历，从事相关技术领域业务 15 年以上的人员
中级技术人员	获得相关技术领域硕士学位以后，从事相同领域业务 3 年以上的人员； 获得相关技术领域学士学位以后，从事相同领域业务 6 年以上的人员； 获得高中以上学历，从事相关技术领域业务 12 年以上的人员
初级技术人员	获得相关技术领域硕士学位以后，从事相同领域业务未满 3 年的人员； 获得相关技术领域学士学位以后，从事相同领域业务 3 年以上的人员； 获得高中以上学历，从事相关技术领域业务 9 年以上的人员
其他	不符合以上条件的人员

特级技术人员可评定为 A 级，高级技术人员可评定为 B 级，中级技术人员可评定为 C 级，初级技术人员可评定为 D 级，其他技术人员可评定为 E 级。

（3）技术理解度。该项目是对经营者理解企业产业化技术的程度进行的评估。

对产业化技术的整体理解程度非常优秀时，可评定为 A 级；对产业化技术的整体理解程度优秀时，可评定为 B 级；对产业化技术的整体理解程度一般时，可评定为 C 级；对产业化技术缺乏整体理解时，可评定为 D 级；对产业化技术的整体理解非常缺乏时，可评定为 E 级。

3. 管理层

（1）管理层的专业性。该项目是对除了经营者以外的管理层（管理、企划、财务、技术、营销等核心人员）的专业、经历（业务经验、业绩等）等进行的综合评估。

主要评审项目如下：

1）只有全职人员才能成为管理层（非全职董事及监事除外）。

2）企业的组织图、简历等。

3）管理层属于管理、企划、财务、技术、营销等组织内部的总负责人级别。

4）专业知识水平可参考"技术知识水平判断表"。

中级以上的管理层有 3 人以上时，可评定为 A 级；中级以上的管理层有 2 人以上时，可评定为 B 级；中级以上的管理层有 1 人以上时，可评定为 C 级；初级以上管理层有 1 人以上时，可评定为 D 级；其他情况为 E 级。

（2）资本参与度。该项目通过综合评审除了经营者以外的管理层（管理、企划、财务、技术、营销等核心人员）的实际资本参与度进行评估。

主要评审项目如下：

1）如果管理层人数超过 3 人，则以管理层的资本参与人员构成率来评估。

2）包括管理层的股票期权（Stock-Option）。

3）非全职董事从资本参与度评估对象中排除。

4）对于资本参与的情况，可通过股东名册或股票变动情况明细表等资料进行确认。

50%（人员构成率）以上的管理层进行资本参与时，可评定为 A 级；30% 以上的管理层（人员构成率）进行资本参与时，可评定为 B 级；20% 以上的管理层（人员构成率）进行资本参与时，可评定为 C 级；10% 以上的管理层（人员构成率）进行资本参与时，可评定为 D 级；没有资本参与时，可评定为 E 级。

（3）与企业经营者的合作。该项目通过综合评审经营者与管理层（财务、技术、营销核心人力）的关系、决策形态、团队合作等进行评估。

主要评审项目如下：

1）企业经营者与管理层、管理层与管理层之间的关系和团队合作良好。

2）决策过程合理。

3）业务分配及授权和控制良好。

4）近一年来，主要的管理层没有变动。

5）职员的工资及福利水平较高。

满足四个及以上评审项目时，可评定为 A 级；满足三个项目时，可评定为 B 级；满足两个项目时，可评定为 C 级；满足一个项目时，可评定为 D 级；没有满足事项时，可评定为 E 级。

二、技术性

1. 技术开发现状

（1）技术开发成果及获奖经历。评估该项目时，首先对近三年的业绩（技术开发、技术产品化、各种认证及获奖经历）等定性内容进行定量化，其次对此进行合计。此时的评估以企业的整体技术开发成果及获奖经历作为对象。而对于技术难度或奖项及认证，则应该制定及应用投资主体的自身标准。

主要评审项目如下：

1）技术难度较大的奖项及认证（政府机构认证及国际认证、新技术及绿色技术等），可将本评估指标评定为 A 级（5 分），并在评估报告的依据栏中注明理由。

2）技术开发成果是指利用不同于现有技术的其他技术完成样品制作的情况。

3）技术商业化业绩是指以技术开发为基础进行产品化后推向市场的情况。但是一项技术开发，只能认定为一项技术商业化业绩。

如果利用同一技术成功进行技术开发和商业化，则只认定为技术商业化业绩。

4）产品商业化业绩是指模具、铸件、定制型机械设计（制造）企业，通过定制生产系统（Pull 方式），对以项目为单位的客户定制型产品进行技术开发和规格（Specification）变更后交货的情况。

其中，模具企业设计基本模具并变更规格后向客户提供产品时，可认定为业绩。而电子企业变更智能手机的规格后推出多种规格产品的情况，则不认定为业绩。

5）共同开发的情况可以认定为技术开发业绩，而外包开发则不能认定为业绩。但是如果通过外包开发实现了技术商业化（产品），则可以认定为技术商业化业绩。

6）对于创业时间在三年内的企业，可以从评估基准日开始认定最近三年内的经营者、管理层或核心技术人员的技术开发成果及获奖经历（可以认定技术开发业绩、技术商业化业绩、认证业绩、获奖经历等）。

7）创业日期为营业执照上的成立日期。

8）对于未实现技术开发（商业化），只进行知识产权登记（申请）的情况，不认定为技术开发（商业化）业绩。

9）在各种认证及获奖经历中，只认可与申请企业的技术开发及商业化有关的业绩。

10）同样的等级也有不同的分数，而分数则根据计算公式计算得出。

其中，分数计算公式：5 分 × ["得分" / "最高标准分数（50 分）"]，得分超过最高标准分数时给予 5 分。

每项技术商业化业绩为 8 分，每项技术开发业绩为 4 分，每项产品商业化业绩为 2 分，每项获奖经历为 2 分，每项认证业绩为 1 分。总分数在 50 分以上时，可评定为 A 级；总分数在 38 分以上时，可评定为 B 级；总分数在 25 分以上时，可评定为 C 级；总分数在 13 分以上时，可评定为 D 级；总分数在 13 分以下时，可评定为 E 级。

（2）知识产权的持有现状。评估该项目时，以评估日期为准，对申请企业持有的所有知识产权的定性内容进行定量化，然后对此进行合计。

主要评审项目如下：

1）同时申请专利和实用新型时，只认定为专利。

2）如果不是本国的专利申请，而是专利合作条约（PCT）专利申请时，可认定为正在申请中的专利。

3）以实用新型申请日为准，区分"通过预先登记制度申请的情况"和"通过审核登记制度申请的情况"后进行评估。

4）根据正式合同（通过买卖等方式转让知识产权，获得专有实施权等）获取的也可以认定为知识产权。但是只认可相关内容已登记在专利登记簿的情况。

5）如果是生物等行业，可认定为品种保护权（仅限于品种保护权登记证中的确认部分）。

6）对同一技术有多项国内外专利时，只认定为一项。

7）权利人超过两人的情况也可以认定为拥有知识产权，但是非独占许可（Non-Exclusive License）除外。

8）以评估日期为准，有知识产权纠纷、侵权事实（暂扣、临时禁令等）情况时，不能认定为拥有知识产权。但是已解决纠纷、侵权等问题时，可以在评估报告的依据栏中记载相关意见后给予认可。

9）对于创业三年以内的企业，限于以下情况可以给予认可。但是只认可登记在册的情况，如果将专有实施权授予他人时，将被排除在外。

经营者：在评估基准日以前经营者作为权利人的知识产权中，与申请技术有关的知识产权。

管理层或核心技术人员：以评估日期为准，在最近三年以内管理层或核心技术人员作为权利人的知识产权。

10）登记类似项目的情况，可认定为拥有一项知识产权。

11）同样的等级也会有不同的分数，而分数则根据计算公式计算得出。

其中，分数计算公式：5 分 ×（"得分" / "各行业最高标准分数"），得分超过各行业最高标准分数时给予 5 分。

拥有已登记专利时，每项给予 7 分；正在申请的专利，每项给予 2 分；已登记的实用新型，给予 3 分；对设计、商标权、项目的权利，每项给予 1 分；品种保护权给予 7 分。总分数达到 50 分以上时，可评定为 A 级；总分数达到 38 分以上时，可评定为 B 级；总分数达到 25 分以上时，可评定为 C 级；总分数达到 13 分以上时，可评定为 D 级；总分数未达到 13 分时，可评定为 E 级。

（3）研发投资。该项目通过掌握评估对象企业的研发投资水平进行评估。

主要评审项目如下：

1）对申请企业与所在行业的研发投资比率进行比较和分析。

2）综合分析研发设施等实际研发费用。

研发投资水平优秀时，可评定为 A 级；研发投资水平良好时，可评定为 B 级；研发投资水平一般时，可评定为 C 级；研发投资水平较差时，可评定为 D 级；研发投资水平非常差时，可评定为 E 级。

2. 技术开发能力

（1）技术开发部门。该项目通过对研究组织的现场确认和组织图、人事编制等资料来评估该企业是否构建及运营具有研究（设计）开发核心功能的组织（研发部门）。

主要评审项目如下：

1）不包括与生产技术有关的检查部门，与外部的联系则通过合同等资料进行确认。

2）关于企业附属研究所，只认可在本国正式登记的研究所。

3）仅限于已向韩国政府申请并获得研发行业资质，而且目前仍然具备相应条件的情况。

4）仅限于被韩国政府认定为工业设计专业公司，而且目前仍具备申请及认证条件的情况。

5）通过与大学及研究机构合作等方式运营研究所时，如果公司的人员常驻研究所并且这样的实质性参与得到证实，则可以认定为研发部门。而实质性参与是指费用分摊、人员派遣、人员参与等。

6）如果技术评估表的相应部门是多个部门的融合，那么多数企业执行融合项目，并且合作企业运营正规的企业附属研究所（或已申请研发行业资质并获得许可、或为工业设计专业公司）时，可认定为研发部门。

运营正规的企业附属研究所三年以上，申请及获得研发行业资质并运营三年以上，申请及被认定为工业设计专业公司并运营三年以上时，可评定为 A 级；运营正规的企业附属研究所未满三年，申请及获得研发行业资质并运营未满三年，申请及被认定为工业设计专业公司并运营未满三年时，可评定为B级；拥有研发部门及设计部门时，可评定为C级；只有技术人员及设计人员时，可评定为D级；没有技术及设计人员时，可评定为E级。

（2）技术人员水平。该项目以评估日期为准，对目前技术开发人员（可参考技术知识水平判断表）的水平进行评估。特级技术人员可评定为5分，高级技术人员可评定为4分，中级技术人员可评定为3分，初级技术人员可评定为2分，其他技术人员可评定为1分。

主要评审项目如下：

1）法定代表人除外。

2）技术人员不仅包括研发人员，还包括生产技术人员（工程技术、质量管理等）。

3）常驻技术人员可认定为技术人员，外包开发技术人员只认定为企业内部人员。

4）如果技术评估表的相应部门是多个部门的融合，那么多数企业执行融合项目时，可以将参与融合项目的合作企业技术人员也包含在一起进行评估（考虑共同开发合同、技术人员参与现状等情况后进行评估，并将相关内容制作成评估依据）。

评级时需要区分一般企业和创业企业。一般企业的分数在25分以上时，可评定为A级；19分以上时，可评定为B级；12分以上时，可评定为C级，6分以上时，可评定为D级；6分以下时，可评定为E级。创业企业的分数在18分以上时，可评定为A级；13分以上时，可评定为B级；9分以上时，可评定为C级；5分以上时，可评定为D级；5分以下时，可评定为E级。

（3）技术人员管理。该项目通过确认在管理系统中与技术人员有关的相应项目进行评估。这里所指的"技术人员"不仅包括研发人员，还包括生产技术人员（工程技术、质量管理等）。

主要评审项目如下：

1）具有技术人员绩效奖励机制（职务发明奖励管理、员工持股制度、股票期权等），并且已经按照业绩发放奖励。

2）最近一年内没有技术主管和核心技术人员离职。

3）教育培训费用高于行业平均水平。

4）具备与融合技术开发项目有关的评估及目标管理系统。

5）在最近一年招聘过技术人员。

6）研究部门的负责人从融合技术开发项目的规划阶段之前就开始参与。

其中，教育培训费用是指与劳动者的教育培训设施（通常为了提高素质而设置相关设施的学校除外）有关的费用、讲师津贴、奖金、委托培训等费用的合计金额。

满足五个及以上评审项目时，可评定为 A 级；满足四个项目时，可评定为 B 级；满足三个项目时，可评定为 C 级；满足两个项目时，可评定为 D 级；满足一个项目以下时，可评定为 E 级。

3. 技术创新性

（1）技术的差异性。该项目通过比较评估对象企业拥有的技术与现有技术，考虑差异性及新技术领域的开拓可能性来进行评估。

与现有技术相比差异性非常高，并且能够开拓新领域时，可评定为 A 级；与现有技术相比差异性较高，但是尚未达到开拓新领域的程度时，可评定为 B 级；与现有技术相比差异性较高，但是效率及应用性较低时，可评定为 C 级；与现有技术相比差异性较低，但是具有效率及应用性时，可评定为 D 级；与现有技术相比差异性较低或无差异时，可评定为 E 级。

（2）技术在生命周期中的位置。该项目以相关技术及技术的创新速度、技术趋势、前景为依据，对评估对象企业拥有的技术在生命周期上的位置进行评估。

主要评审项目如下：

关于"相当长的一段时间"，根据不同的技术领域，适用不同的标准。信息通信技术由于技术变化速度快，所以生命周期较短。而新药等生命技术领域的生命周期相对较长。

技术进入成长期，在相当长的一段时间应用中，可评定为 A 级；技术处在成长初期，技术的应用需要得到验证时，可评定为 B 级；技术处在成熟期，成长性正在放缓，但是尚可以应用时，可评定为 C 级；技术处在引进期，需要对应用性进行额外验证时，可评定为 D 级；技术进入几乎没有变化的衰退期，应用受到局限时，可评定为 E 级。

　　4. 技术的自主化程度及扩张性

　　（1）技术的自主化程度。如果除了企业拥有的技术之外，还需要其他的补充性技术或技术支持才能实现商业化，那么技术的自主化程度就会下降。

　　主要评审项目如下：

　　在驱动产品主要功能方面能够发挥主要作用的产品，可以称作核心产品。而制作这些核心产品时需要多种技术，对于贡献程度相当大、仅靠自身就能驱动产品主要功能的技术，可以称作自主化程度很高的技术（如果是引进的技术，则评定为 E 级）。

　　对核心产品的生产及功能驱动做出非常大的贡献，并且不需要其他补充性技术的情况，可评定为 A 级；对核心产品的生产及功能驱动做出较大的贡献，并且不需要其他补充性技术的情况，可评定为 B 级；虽然对核心产品的生产及功能驱动做出较大贡献，但是需要其他补充性技术的情况，可评定为 C 级；对核心产品的生产及功能驱动的贡献度一般的情况，可评定为 D 级；对核心产品的生产及功能驱动的贡献度较小的情况，可评定为 E 级。

　　（2）技术溢出效应。综合分析评估对象企业的技术特点时，可通过判断该技术能否向多个领域扩展和溢出进行评估。

　　对多种技术领域的溢出效应（Technology Spillover Effect）非常大时，可评定为 A 级；对多种技术领域的溢出效应比较大时，可评定为 B 级；对多种技术领域的溢出效应一般时，可评定为 C 级；对多种技术领域的溢出效应有限时，可评定为 D 级；对多种技术领域没有溢出效应时，可评定为 E 级。

　　（3）技术的成熟度。该项目以评估对象技术（产品）为判断标准，对技术开发的完成度进行评估，即评估从单纯的创意阶段到产品化或商业化阶段的技术开发阶段。对技术成熟度的评估只适用于进行产业化之前的创业企业。

　　主要评审项目如下：

　　1）样品制作阶段：通过研发，使创意成为样品的阶段。

2）完成产品化的阶段：作为量产之前的阶段，样品进一步完善并呈现量产形态。

3）量产准备阶段：以完成的量产样品作为对象制定营销战略，已确保生产设备，量产的技术性问题全部得到解决，已找到潜在客户或正在寻找客户的阶段（合同、购买意向书或谅解备忘录等）。

如果处在量产准备阶段时，可评定为 A 级；处在完成产品化的阶段时，可评定为 B 级；处在样品制作阶段时，可评定为 C 级；处在研发阶段时，可评定为 D 级；处在创意阶段时，可评定为 E 级。

5. 技术保护

（1）模仿难度。该项目通过分析评估对象的技术开发所需费用、时间、知识产权登记、对经营产生的影响来进行评估。

主要评审项目如下：

1）开发技术时，需要大量的开发费用（对于开发技术所需要的费用及时间，根据不同的技术领域，使用不同的标准来判断）。

2）开发技术所需要的时间较长。

3）以知识产权（专利、实用新型、商标、设计等）方式进行登记（申请除外）。

4）采用逆向工程（Reverse Engineering）技术，难以模仿。

5）即使被模仿，企业利益也不会受到太大的损害。

满足四个及以上评审项目时，可评定为 A 级；满足三个项目时，可评定为 B 级；满足两个项目时，可评定为 C 级；满足一个项目时，可评定为 D 级；没有符合项目时，可评定为 E 级。

（2）技术保护能力。该项目是对评估对象企业为了保护自身技术而做出的努力和相应的保护能力进行的评估。可以通过以下项目进行分析。

主要评审项目如下：

1）产业技术保护规定。

①是否具有相关规定，并且定期、合理地进行修改；

②企业人员是否共享这些内容，是否对拥有的资产进行分类管理；

③是否对拥有的技术进行合理的分类、是否指定管理人员、是否定

期评估安全等级并进行设定和标记；

④是否使用电子文件管理产业技术并设定访问权限。

2）产业技术保护部门。

①是否设立专职部门，是否将保护业务系统地分配给组员；

②企业成员是否共享这些内容。

3）人力资源管理。

①是否从制度的层面规定保护产业技术的义务，包括让所有人员签署保密协议；

②是否掌握退休人员的近况；

③是否通过制定业务外包规定来管理外包企业。

4）设施管理。

①是否设定设施的安全等级；

②是否通过出入控制或安装监控设备来保护这些设施。

5）信息系统管理。

①是否系统地进行安全管理；

②防病毒或黑客，设置密码，离席时启动屏保程序；

③是否对电子邮件进行管制，是否对信息系统的使用内容等进行管理。

6）事故处理及恢复。

开发产业技术时，是否实施防止泄露和侵害的对策。

7）形成与技术保护有关的企业文化。

①是否努力传播和落实安全遵守事项；

②通过培训或支出费用进行确认。

根据技术保护计划，进行充分的投资或得到外部机构认证的情况，可评定为 A 级；根据技术保护计划，进行适当投资的情况，可评定为 B 级；虽然根据技术保护计划进行了投资，但是投资稍微不足的情况，可评定为 C 级；虽然有技术保护计划，但是投资严重不足的情况，可评定为 D 级；没有技术保护计划，而且几乎没有投资的情况，可评定为 E 级。

三、市场性

1. 市场现状

（1）市场规模。该项目通过调查国内外市场规模进行评估。市场规模应以客观的调查资料为依据。如果没有此类资料，则以类似企业的市场占有率为依据逆向计算后进行评估。

主要评审项目如下：

1）通过与申请技术（产品）有竞争关系的产品市场规模，对市场进行评估。

2）如果是开拓的新市场，其市场规模要考虑潜在需求（未来三年平均）。

公司产品的市场规模非常大时，可评定为 A 级；公司产品的市场规模较大时，可评定为 B 级；公司产品的市场规模一般时，可评定为 C 级；公司产品的市场规模较小时，可评定为 D 级；公司产品的市场不透明时，可评定为 E 级。

（2）市场的增长性。该项目通过考虑近三年同行业的市场增长性和未来的市场增长性来进行综合评估。

主要评审项目如下：

1）应用金融机构掌握的主要企业（包括大企业和中小企业）的经营分析资料，并根据销售额增加率检测同行业的市场增长性。

2）市场的增长性可通过行业市场分析资料等进行评估。

其中，将 1、2 项的评估结果单独设定等级和分数时，分别是 A 级 5 分，B 级 4 分，C 级 3 分，D 级 2 分，E 级 1 分；而总分为 10 分时为 A 级，8~9 分时为 B 级，6~7 分时为 C 级，4~5 分时为 D 级，不到 4 分为 E 级。

市场的增长性应综合判断市场增长率和未来市场的增长前景来进行评估。市场增长率的判断标准可使用最近三年同行业销售额增长率的平均值。

市场增长率在 30% 以上时，可评定为 A 级；10%~30% 时，可评定为 B 级；-5%~10% 时，可评定为 C 级；-15%~5% 时，可评定为 D 级；-15% 以下时，可评定为 E 级。就市场前景而言，预计未来的市场将会出现大幅增长的情况，可评定为 A 级；未来市场将会持续增长的情况，可评定为 B 级；未来市场将会保持平均经济增长率或以更高的水平增长的一般情况，可评定为 C 级；无法期待未来的市场增长可能性的情况，可评定为 D 级；市场增长停滞，无法期待未来增长可能性，负增长已成定局的情况，可评定为 E 级。

2. 竞争现状

（1）竞争情况。该项目通过考虑市场结构、费用结构等因素，对竞争情况进行综合评估。

主要评审项目如下：

1）集中度：包括申请企业在内的多数竞争者恰当地分割了市场，而且可以参与市场。

2）差异化：参与相关市场的企业能够向消费者提供差异化产品，因此企业之间发生过度竞争的可能性较小。

3）费用结构：固定费用的比重较小，因此即使经济波动也能维持稳定的收益。

4）初期市场：市场处于初期形成阶段，还没有出现主导市场的龙头企业或龙头产品。

满足四个项目的情况，可评定为 A 级；满足三个项目的情况，可评定为 B 级；满足两个项目的情况，可评定为 C 级；满足一个项目的情况，可评定为 D 级；没有相应项目的情况，可评定为 E 级。

（2）法律、法规等制约及积极因素。该项目是对与相应技术（产品）有关的各种政治、社会、文化、经济、环境因素及相关法律规定进行的评估。并且通过掌握这些规定，可以对相应企业的竞争力或对经营产生的影响进行评估。例如，如果市场存在进入限制，则应该评估为"虽然不利于新进入的企业，但是对现有企业有利"。

在法律和制度因素方面，对相应企业有非常积极的影响时，可评定为 A 级；对相应企业有积极影响时，可评定为 B 级；没有对相应企业产生影响时，可以评定为 C 级；对相关企业产生消极影响时，可评定为 D 级；对相关企业产生非常消极的影响时，可评定为 E 级。

（3）进入市场的难度。该项目通过分析阻碍新企业进入市场的障碍因素（进入壁垒）进行评估。障碍因素以所需资本、规模经济、产品细分化、流通渠道等作为评估标准。进入市场的难度只适用于评估创业企业，不适用于一般企业。

主要评审项目如下：

1）所需资本：进入目标市场需要大量资本，因此难有新进入者。

2）规模经济：如果是比较大的行业产生规模经济，那么其他企业已经在制造成本方面占据有利地位，因此难有新进入者。

3）产品细分化：相应市场的产品细分化已经形成，因此难有新进入者。

4）流通渠道：已有的流通网络非常稳固，因此难有新进入者。

该项目没有设定 A 级。满足一个项目时，可评定为 B 级；满足两个项目时，可评定为 C 级；满足三个项目时，可评定为 D 级；满足四个项目时，可评定为 E 级。

3. 产品竞争力

（1）市场占有率。该项目以利用相应技术生产的产品为基础，通过掌握市场内竞争者数量、竞争情况等，对评估对象企业的市场占有率及实现可能性进行评估。进行产业化之前的创业企业由于没有实现产品化，因此不适合对这样的企业进行市场占有率评估。

主要评审项目如下：

1）产品（相关技术）获得政府等机构颁发的世界一流商品认证时，可评定为 A 级。

2）对于出口企业，将出口额换算成本国货币，并在考虑本国市场规模的情况下进行评估。

属于龙头企业并且会持续引领市场时，可评定为 A 级；属于龙头企业的可能性较大时，可评定为 B 级；属于中层企业的可能性较大时，可评定为 C 级；可能属于底层企业时，可评定为 D 级；不确定是否具有占有市场的可能性时，可评定为 E 级。

（2）与竞争产品比较时的优势。该项目是对竞争产品的存在与否和竞争产品的差异化以及成本优势等进行的评估。

主要评审项目如下：

1）竞争产品较少。

2）与竞争产品相比，具有相对的价格竞争力（权重 ×2 分）。

3）与竞争产品相比，具有相对的质量竞争力（权重 ×2 分）。

4）买方具有将现有产品替换为该企业产品的潜在意向。

5）买方将产品替换为该企业产品时，几乎没有费用方面的限制。

分数在 6 分以上时，可评定为 A 级；分数是 5 分时，可评定为 B 级；分数是 4 分时，可评定为 C 级；分数是 3 分时，可评定为 D 级；分数在 2 分以下时，可评定为 E 级。

（3）产品知名度。该项目通过分析市场需求者对该企业产品（商品、服务）或品牌的认知程度、客户忠诚度等进行评估。并且通过了解相关市场的需求主体所具有的一般需求特性，掌握需求者对经济波动和价格变化的敏感程度。对于产业化之前的创业企业来说，还未实现产品化，因此不适合对这样的企业进行产品知名度评估。

主要评审项目如下：

1）一是通过自有商标实现的销售额比例在 50% 以上（一般制造业等）。二是持续进行产品更新（软件相关行业的主版本升级）。三是曾作为主要执行企业执行过相关项目（建筑、土木、环境等行业的项目执行）。

2）属于与经济波动无关、需求者必须使用的必需品，因此需求持续存在。

3）目标客户群明确，目标客户的忠诚度高。

4）客户的购买（使用）动机源于价格之外差异化的其他因素，即使有一定的价格变化，其需求依然存在。

5）该公司生产（销售）的产品品牌知名度在"第一提及"（Top of Mind）水平以上。

委托生产时，如果满足以下四种情况，则可以视为委托企业的自有商标。

1）由委托企业直接策划需要生产的产品（如构思及设计、样品制作等）。

2）将委托企业拥有的原材料提供给签约企业。

3）使签约企业以委托企业的名义制造产品。

4）委托企业购买这些产品，并负责直接销售到市场。向其他公司支付已注册商标（包括外国商标）的特许权使用费（Royalty），并取得和登记使用权的情况，也可视为通过自有商标实现的销售。

品牌知名度分为以下四种水平：

1）第一提及商标（Top of Mind Brand）：最先想起的品牌。

2）品牌回忆（Brand Recall）：很容易想起的品牌。

3）品牌再认（Brand Recognition）：提到品牌时可以想起的品牌。

4）无知名度（Unaware of Brand）：处于最低认知阶段的品牌，完全没有知名度。

满足四个项目的情况，可评定为 A 级；满足三个项目的情况，可评定为 B 级；满足两个项目的情况，可评定为 C 级；满足一个项目的情况，可评定为 D 级；没有相应项目的情况，可评定为 E 级。

四、商业性

1. 经营能力

（1）生产能力。该项目通过分析生产设施或人员投入及材料、零件的采购难度等因素进行评估。

直接制造评估对象技术产品时，主要评审项目如下：

1）生产设施规模：目前的生产设施可以充分满足预期需求。

2）生产设施水平：目前的生产设施良好，有利于企业的竞争力。

3）生产人员投入：能够满足运转生产设施的人员需求。

4）生产人员水平：生产人员的教育程度和经验水平高，有助于提高生产效率。

5）原材料和零件供给：能够满足原材料或零件需求。

6）原材料和零件的采购竞争力：与竞争企业相比，能够以更有利的条件采购原材料或零件。

外包的情况：主要是指不具备生产设施开展经营或以贴牌生产（OEM）方式经营的情况，以其他企业与评估对象企业的关系和其他企业的竞争力为中心进行评估。但是对于外包的情况不设定最高等级。

由外包企业生产时，主要评审项目如下：

1）与外包企业的关系：可通过长期供应合同、投资关系等长期伙伴关系来维持。

2）外包企业的竞争力：外包企业的实力（质量、价格、知名度等）对相应企业的竞争力产生积极影响。

3）外包企业的规模：外包企业是证券交易所上市企业、科斯达克（KOSDAQ）上市企业或外部审计对象企业。

利用生产设备直接生产产品，并且满足五个以上的项目时，可评定为 A 级；满足四个项目时，可评定为 B 级；满足三个项目时，可评定为 C 级；满足两个项目时，可评定为 D 级；满足一个项目及以下时，可评定为 E 级。

没有生产设备，通过外包加工生产产品时，不设定 A 级。满足三个项目时，可评定为 B 级；满足两个项目时，可评定为 C 级；满足一个项目时，可评定为 D 级；没有相应项目时，可评定为 E 级。

（2）营销能力。该项目通过判断是否以市场规模分析、竞争者分析、营销组合（Marketing Mix）、广告或宣传战略等整体营销战略作为客观资料合理而恰当地制定计划来进行评估。

主要评审项目如下：

1）市场分析能力：获得目标市场的规模及需求方面的预测资料。

2）竞争企业分析：获取竞争企业的分析资料。

3）营销战略：目标市场（客户）定位明确，营销策略与目标市场一致。

4）实施可能性：包括广告宣传战略的制定及实现的可能性（费用、战略、是否制定详细实施计划等）。

5）设置专职部门：拥有单独的营销部门。

满足四个及以上项目时，可评定为 A 级；满足三个项目时，可评定为 B 级；满足两个项目时，可评定为 C 级；满足一个项目时，可评定为 D 级；没有相应项目时，可评定为 E 级。

（3）客户的多样性及稳定性。该项目对客户是否具有多样性、能否保持持续的交易关系、是否制定销售渠道构建计划以及具体性进行评估。

客户具有多样性，能够保持长期的交易关系，并且未来持续交易的可能性较大时，可评定为 A 级；客户具有多样性，但是已有的部分客户存在局制性和不确定性，因此正在开发新客户时，可评定为 B 级；正在开发新客户，已制定具有实现可能性的客户开发计划，并且正在实施部分计划时，可评定为 C 级；虽然正在开发新客户，但是开发新客户的计划缺乏可行性时，可评定为 D 级；难以找到客户，并且构建销售渠道的计划不够具体时，可评定为 E 级。

（4）筹资能力。该项目通过分析经营者和企业的财务状况或创收能力等因素，综合评估未来能够及时筹集所需资金的能力。

评估该项目时，还需要分析替代资金的筹措能力及资金的结构等。

评估结果为优秀时，可评定为 A 级；评估结果为良好时，可评定为 B 级；评估结果为一般时，可评定为 C 级；评估结果为较差时，可评定为 D 级；评估结果为非常差时，可评定为 E 级。

2. 未来前景

（1）发展前景。该项目是指对象技术产品的销售增长率。该项目通过分析对象技术产品的销售增长性来评估未来增长的程度。

主要评审项目如下：

1）销售增长率=（本年销售收入－上年销售收入）/上年销售收入×100-过去有销售收入。通过参考过去的销售增长率来评估未来的销售增长性。过去没有销售收入时，通过行业及市场的增长性、类似经营项目的增长性、技术的实用性及竞争性分析来掌握对象技术产品的差异性等，并以此评估未来的销售增长性。

其中，通过公司的审计报告、财务报表等基础资料，计算销售同比增长率后，再计算其结果和行业平均值之间的差距，并以此评估优劣程度。

2）销售增长率比行业平均增长率高 20% 以上时，可评定为 A 级；销售增长率比行业平均增长率至少高 5% 时，可评定为 B 级；销售增长率在行业平均增长率的 ±5% 范围时，可评定为 C 级；销售增长率虽然比行业平均增长率低 5% 以上，但是未来三年内有可能改善时，可评定为 D 级；如果未来三年内高于行业平均增长率的可能性不大时，可评定为 E 级。

3）没有销售业绩时，不设定 A 级和 B 级。在经营初期虽然没有可以评估销售增长率的资料，但是预计销售增长率比行业平均水平高 20%时，可评定为 C 级；经营初期虽然没有可以评估销售增长率的资料，但是预计销售增长率比行业平均水平高 5% 以上时，可评定为 D 级；在经营初期，既没有可评估销售增长率的资料，也很难预测销售增长率时，可评定为 E 级。

（2）收益前景。该项目以营业利润为核心进行评估。可以说营业利润是通过营业活动实现的最终成果。该项目通过对对象技术产品的收益性分析，评估未来能保持的收益水平。

主要评审项目如下：

1）销售额营业利润率 = 当期营业利润 / 当期销售额 ×100%– 过去有销售额。通过参考过去的销售额增长率来评估未来的销售增长性。过去没有销售额时，以行业及市场的竞争状况、技术及产品的竞争力为基础，评估未来的销售额营业利润率。

其中，通过公司的审计报告、财务报表等基础资料计算销售额营业利润率后，计算出其结果与行业平均水平之间的差距，并以此评估优劣程度。

2）有销售业绩并且营业利润率比行业平均水平高 20% 以上时，可评定为 A 级；营业利润率比行业平均水平高 10% 以上时，可评定为 B 级；营业利润率比行业平均水平高 10% 以下时，可评定为 C 级；营业利润率虽然低于行业平均水平，但是未来有改善的可能性时，可评定为 D 级；从营业利润的层面上看，收益性没有提升的可能性时，可评定为 E 级。

3）没有销售业绩时，不设定 A 级和 B 级。在经营初期虽然没有销售额营业利润率的评估资料，但是预计销售额增长率比行业平均水平增长 20% 以上时，可评定为 C 级；经营初期虽然没有销售额营业利润率的评估资料，但是预计销售额增长率比行业平均水平高 5% 时，可评定为 D 级；在经营初期，既没有销售额营业利润率的评估资料，也很难预测销售额增长率时，可评定为 E 级。

附　录 ———

韩国技术融资现状及启示

一、技术信用评估与技术融资支持

技术信用评估与技术融资支持不是对企业进行财务状况评估，而是评估企业所拥有的技术后，对其提供资金支持。其中包括在技术产业化的过程中提供必要的资金。为了提供这些资金支持，除了银行一直使用的财务信息以外，还会另外考虑技术信息，以此提高信用判断能力和预测的准确性。而且以担保能力不足的创新型中小企业及高新技术企业为对象，通过专业技术评估机构的技术性、商业性评估，得到金融机构的产业化贷款及基金公司的投资。其目的在于支持创新型中小企业及高新技术企业的发展并促进所开发技术的产业化。

技术信用评估的目的是使银行考虑发放贷款时，可以同时考虑企业的技术实力和信用。如果除了银行一直使用的财务信息外，还考虑技术信息，则可以提高信用判断能力和预测的准确性。并且，最终会由银行自主决定是否根据技术信用评估结果提供贷款。将有关政策融资的技术信用评估进行义务化，是为了使银行在考虑是否提供贷款时，能够提高预测破产的准确性。而不是以技术信用评估为依据，对有破产可能性的企业无条件地提供贷款。

虽然社会上对技术融资有很多忧虑，但是像技术评估担保或贷款一样，以信用为中心的技术融资体系，可以改善目前以担保为主的保守的贷款惯例。还可以通过评估企业拥有的技术经济价值，提高技术企业的金融特性，为强化行业竞争力和引导金融发展做出贡献。

二、技术信用评估的定义

技术信用评估是指具有公信力的技术信用评级机构（Technology Credit Bureau, TCB）将企业拥有的技术信息和信用信息进行结合、评估，得出技术信用等级（信用等级＋技术等级）后提供给金融机构的服务。

三、技术信用评估的种类及特点

技术信用评估报告分为标准技术信用评估报告和简式技术信用评估报告（见附表1）。

附表1　技术信用评估报告

区分		主要内容	详细内容
标准技术信用评估报告（约25页）	简式技术信用评估报告（约10页）	等级信息	技术等级、信用等级、技术信用等级
		企业现状	企业及业务概述、技术现状
		各项目的评估结果	三级项目的等级评估列表
		简要的评估意见	对二级项目的简要技术评估意见
		分析及参考资料	等级的定义等
		技术及市场分析意见	对技术优势与市场竞争力、市场现状等方面的分析意见
		三级项目的评估意见	对三级项目的等级评估意见

作为最终等级的技术信用等级，通过分别得出技术等级、信用等级，并将等级评定为分数后计算得出。

（1）技术等级：评估技术竞争力和技术产业化实力，显示未来发展潜力。

（2）信用等级：评估企业的财务情况等，显示未来债务违约风险。

四、技术信用评估的主要项目

1. 公司的基本情况

公司名称、法定代表人、法人登记编号、营业执照编号、地址、联系方式、成立日期、财务结算基准日等。

2. 企业现状

（1）企业概要及历史（全职人员数量、销售额、行业、业务往来银行、实收资本等）。

（2）各业务领域的主要技术（产品）现状、相关知识产权现状。

（3）核心技术及各业务领域的权重。

3. 主要评估项目

实施定量评估（五个阶段，即优秀、良好、一般、较差、非常差）及定性评估。

（1）经营能力：经营者、管理能力、技术开发能力、产品化实力、收益前景。

（2）技术竞争力：技术创新性、市场现状、产品优势。

4. 评级结果

（1）技术等级：分为 10 个阶段（T1~T10）。

（2）信用等级：分为 18 个阶段（AAA/AA/A+/A/A−/BBB+/BBB/BBB−/BB+/BB/BB−/B+/B/B−/CCC/CC/C/D）。

五、技术信用评估的等级说明

1. 等级说明

（1）技术信用等级：反映企业的未来增长可能性，显示不履行债务的风险。

（2）技术等级：评估企业的技术竞争力和技术的产业化能力，显示未来增长可能性。

（3）信用等级：评估企业的财务状况等，显示不履行债务的风险。

 2. 主要项目说明

（1）经营实力：作为以企业为单位的评估项目，对企业拥有的基础设施（经营者、管理能力、技术开发能力、产品化实力、收益前景）进行综合评估。

（2）技术竞争力：作为技术经营领域的评估项目，对企业经营的技术业务的个别特点和各种产品的市场现状及竞争力等进行综合评估。

六、技术融资

1. 技术融资的重要性

技术融资是作为"创新发展"主体的高新技术企业及创业企业进行技术创新和发展所必要的资源，因此非常重要。

（1）技术融资是通过技术评估提供创业、研发（R&D）、技术产业化等技术创新过程中所需资金的企业融资。

首先，高新技术企业及创业企业在研发、创业、产品开发及量产、开拓销售渠道等技术创新的整个过程中，都离不开资金支持。

其次，通过技术融资筹集资金，企业可以解决在技术产业化阶段的资金问题，并实现创新。

（2）尤其对于拥有技术，但是资金不足的高新技术企业及创业企业而言，通过技术融资筹措资金，会对技术产业化的成功产生很大的促进作用。

首先，即使成功进行研发（R&D），如果在样品制作、量产、营销等方面未能顺利地筹措资金，技术产业化失败的可能性会很大。

其次，在技术产业化的主要失败阶段"死亡之谷"（Valley of Death）和"达尔文之海"（Darwinian Sea）中（见附图1），技术融资发挥着很重要的作用。[①]

最后，通过技术融资挖掘优秀技术，在适当的时机提供适当规模的

---

① 死亡之谷：创业经过一定时间后，用于全面扩张市场的资金非常缺乏的时期。达尔文之海：为了使量产的产品在市场站稳脚跟，需要营销及开拓销售渠道等方面的巨额资金的时期。

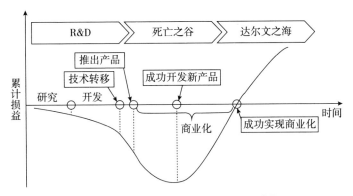

附图1　"死亡之谷"和"达尔文之海"

资料来源：Osawa 和 Miyazaki（2006）。

资金，可以支持中小高新技术企业的创新和成长。

2. 韩国的技术融资环境

发达国家的技术融资环境很优越，如果拥有很高的技术实力则很容易筹措资金，但是韩国的筹资环境不太理想。

（1）韩国的资金筹措难度在经合组织（OECD）国家中处于下游水平，仅以优秀的技术实力和商业性很难筹集资金。

韩国的银行贷款难度为3.5分，在经合组织（OECD）的35个成员国中排名第32位。与美国（5.3分）、德国（5.0分）等发达国家比较时差距很大。即使与邻国日本（5.3分）和中国（4.5分）相比也有很大差距。

银行贷款难度指对不提供担保、仅靠优秀的经营计划获得贷款的难度，满分为7分。

在韩国，企业获得风险投资的难度为3.2分，比经合组织（OECD）35个国家的平均分数（3.4分）低，并且低于德国（4.3分）、中国（4.1分）、日本（3.5分），与美国（3.0分）的水平相似（见附表2）。这意味着仅靠技术实力和商业性就可以筹措资金的技术融资环境还不够完善。

附表2　主要国家的资金筹措难度比较　　　　单位：分

国家	获得银行贷款难度	获得风险投资的难度
德国	5.0	4.3
日本	5.3	3.5
中国	4.5	4.1
美国	5.3	3.0
韩国	3.5	3.2
OECD 平均	4.4	3.4

注：满分为7分。

资料来源：世界经济论坛（2017）。

（2）韩国的技术产业化成果偏低，企业将技术产业化效果不佳的原因归为资金不足。

虽然韩国的研发（R&D）成功率高达96%，但是技术产业化的成功率仅为48%，低于发达国家[①]。

在调查中小企业技术开发的阻碍因素时，回答最多的是"技术开发资金不足"，占回答总数的30.4%[②]（见附图2）。

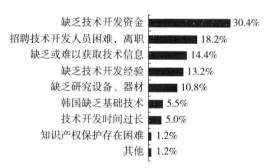

附图2　技术产业化的阻碍因素

资料来源：中小企业厅（2016）。

（3）在考察韩国技术融资的现状及存在的问题后，本报告做了一些总结。以作为韩国代表性技术融资的技术担保基金、技术信用贷款和风

---

① 相关部门联合（2014），"第三次中小企业技术创新促进计划"。

② 中小企业厅，中小企业技术统计调查。

险投资为中心，展开讨论。

七、韩国技术融资的现状

韩国的技术融资根据不同的供给方式，已发展出多种项目。

（1）技术融资按照资金供给方式，分为间接的担保融资形式和直接的投资形式。

"担保"是根据担保机构的技术评估担保书提供融资的形式，韩国的代表性项目是技术担保基金的技术担保项目。

"融资"是以技术评估为基础提供资金、偿还利息和本金的形式，韩国主要有商业银行的技术信用贷款和政策融资机构的转贷（On - Lending）等。

"投资"是根据技术评估，通过股票或债券等进行直接投资的形式，主要由风险投资公司提供。

（2）技术融资按照供给主体可以分为民营机构和公共部门（见附表3）。

附表3　韩国主要技术融资项目的种类及规模[①]

区分		主体	项目	规模（亿韩元）	备注
间接	担保	公共	技术担保	214588（余额）	2017年6月统计数据
	融资	公共	转贷	63000（供给）	产业银行，2017年计划
			投资	60000（限额）	韩国银行，2017年修改的计划
			进入新市场的资金支持	5750（预算）	2017年计划
		民营	技术信用贷款	1128172（余额）	2017年6月统计数据
直接	投资	民营	风险投资公司	189579（余额）	2017年6月统计数据
			知识产权（IP）基金	1000	2014年统计数据

注：①技术融资的种类按照产业研究院（2014）"技术创新环境变化与政策对应"的分类方式进行，但是对部分内容进行了重新分类。②知识产权（IP）基金的贷款规模是在产业研究院（2014）中提出的2014年4月的商业银行知识产权（IP）基金规模。

资料来源：（按顺序排列）技术担保基金、金融委员会、韩国银行、中小企业厅、金融委员会（技术融资桥梁）、风险投资协会、产业研究院（2014）。

---

① 根据通过技术评估筹措资金的技术融资定义，可能有多种符合条件的项目。但是本报告只调查了产业研究院（2014）的"技术创新环境变化与政策对应"中提出的项目。

"民营机构技术融资"是指向企业提供资金的主体为商业银行、风险投资公司等机构的民营领域的技术融资，韩国的代表性技术融资是商业银行的技术信用贷款、风险投资。

"公共部门技术融资"是政府等公共部门为了达到政策目标而提供的技术融资，包括技术担保基金的"技术担保"、产业银行的"转贷"等多种项目。

1）担保：技术担保。担保形式的技术融资是担保机构对企业进行技术评估后签发技术担保书，并使企业利用担保书获得融资的制度。

技术担保集中对技术创业、研发（R&D）、新增长动力产业执行担保业务，发挥作为韩国代表性政策融资的作用。

企业分别向银行和担保机构申请贷款和担保，担保机构向金融机构签发担保书，而银行以该担保书为依据，向企业发放贷款。

韩国的代表性担保机构是技术担保基金，该基金根据自主开发的"技术评估系统（KTRS）"执行技术评估及担保业务。其技术担保流程如附图 3 所示。对新担保业务的担保率为 85%，根据政策目标可适用85%~100% 的担保率。除此之外，还在技术开发阶段通过评估企业的研发（R&D）提供的"研发担保"，直接评估知识产权或者为知识产权收购及产业化提供的"知识产权（IP）担保"等多种担保商品。

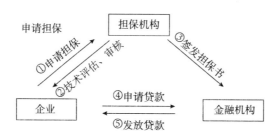

附图 3　技术担保流程

资料来源：技术担保基金。

韩国在技术担保方面，担保规模和担保业务量均有增加，每年都刷新了最高值。

2013 年，韩国的技术担保余额达到 18.9 万亿韩元，年均增长 3.7%，截至 2017 年 6 月达到 21.5 万亿韩元，每年都刷新了最高值。

2013 年，韩国的同期担保业务量达到 9.3 万件，年均增长 5.5%，截至 2017 年 6 月达到 11.2 万件，高于余额增长率（见附图 4）。

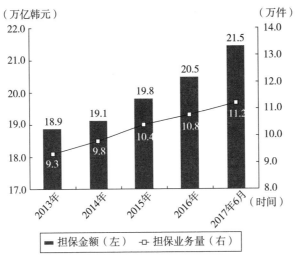

附图 4　技术担保余额及业务量趋势

资料来源：技术担保基金。

2）融资：技术信用贷款。融资形式的技术融资是以企业的技术实力评估为基础，确定是否贷款、利率、额度等后提供贷款的商品。

公共部门提供的代表性融资产品有产业银行的间接贷款"转贷"（On-Lending）、韩国银行的"技术型创业支持"等。韩国的民营商业银行提供的代表性融资产品有"技术信用贷款"。

技术信用贷款是银行等金融机构以技术评估为基础提供贷款的商品。根据韩国的相关规定，评估业务要通过金融委员会指定的技术信用评级机构进行。

金融委员会指定的技术信用评级机构有技术担保基金、NICE 评估信息、韩国企业数据（Korea Enterprise Data，KED）、Ecredible、NICEDNB、SCI 评估信息等，这些机构还可以对银行进行评估。

企业申请技术信用贷款时，金融机构向技术信用评级机构委托进行技术信用评估，并根据评估结果发放相应的贷款（见附图 5）。此时，技术信息数据库（Tech Database，TDB）向技术信用评级机构和金融机构提供技术信息，为决策提供支持。

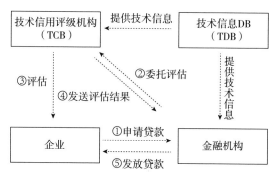

附图5　技术信用贷款流程

资料来源：现代经济研究院。

　　韩国的技术信用贷款余额及业务量以极快的速度增长。2014年7月技术信用贷款余额仅为0.2万亿韩元，截至2017年6月达到112.8万亿韩元，三年内增长了587倍。

　　2015年6月技术信用贷款的业务量为63203件，截至2017年6月增加到252295件，增长了4倍（见附图6）。

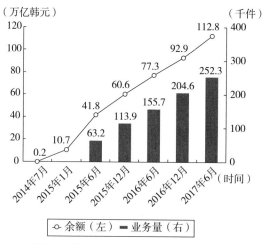

附图6　技术信用贷款余额及业务量趋势

资料来源：韩国金融委员会。

　　3）投资：风险投资。投资形式的技术融资是指发掘具有竞争力的技术及企业，以股票或债券形式直接进行投资的行为。风险投资是最重要的投资主体。

　　投资形式的技术融资由风险投资、天使投资、加速器（Accelerator）[①]等提供，其中规模最大、最具代表性的投资主体是风险投资。

　　根据《中小企业创业支援法》第2条，韩国的风险投资的主体主要是创业投资公司，而创业投资公司的主要业务是向创业者提供投资。创业者是指设立中小企业的创业者和设立中小企业未满七年的创业者。

　　风险投资企业的主要投资类型是将作为出资人的有限责任合伙人（Limited Partner，LP）的资金组成基金（Fund），并向高新技术企业进行投资后，再将投资收益还给有限责任合伙人的结构。

　　韩国的风险投资额在持续增长。2013年新增风险投资额为1.4万亿韩元，2016年达到2.2万亿韩元，比2011年增长0.8万亿韩元（见附图7）。

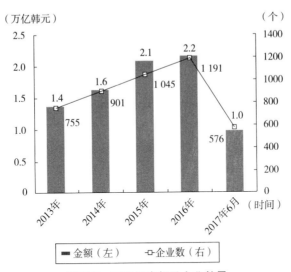

附图7　风险投资额及企业数量

资料来源：韩国风险投资协会。

---

　　① 加速器（Accelerator）在创业初期帮助企业成长时，主要提供各种咨询并进行部分股份投资。但是2016年5月修改了《中小企业创业支援法》以后，赋予加速器法律地位，允许其建立个人投资组合。

韩国的风险投资余额也在持续增长。2013 年的风险投资余额为 11.5 万亿韩元，之后以年均 15.7% 的速度快速增长，在 2017 年 6 月达到 19.0 万亿韩元，创造了最高纪录（见附图 8）。

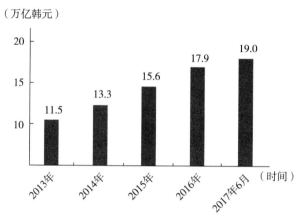

（万亿韩元）

附图 8　风险投资余额趋势

资料来源：韩国风险投资协会。

2016 年风险投资额在韩国的国内生产总值（GDP）中所占的比重排名第四（0.09%），属于较高水平。但是低于以色列（排名第一，0.38%）和美国（排名第二，0.369%）。[①]

八、韩国的技术融资存在的问题

1. 技术信用贷款是 "徒有其表的技术融资"

（1）韩国政府实施技术融资扩张政策后，技术信用贷款开始迅速增长，但是却面临着 "技术融资徒有其表" 的批评。

2014 年 10 月，金融委员会实施 "银行业创新性评估"，采取了降低手续费、提高转贷[②] 额度、绩效奖金等措施。由此，商业银行迅速扩大了技术信用贷款规模，2017 年 6 月以 112.8172 万亿韩元创造了史上最高

[①]　OECD（2017），"Entrepreneurship at a Glance 2017"。

[②]　转贷（On-Lending）是韩国政策金融公社将中小企业贷款资金借给民营银行，而民营银行通过贷款审查选择对象企业后发放贷款的中小企业间接贷款支持制度。

纪录。

在这个过程中，商业银行将有贷款业务的现有普通中小企业也纳入技术融资队伍，或者在审批技术信用贷款时要求提供担保，通过这样的方式大幅度扩张了贷款规模。

2015 年 6 月根据 11 家银行的技术信用贷款调查结果，现有的业务往来企业比重最低的银行是新韩银行，占 74.0% 的比重。而部分银行的比重在 90% 以上（见附图 9）。

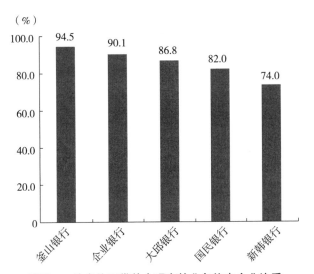

附图 9　技术信用贷款中现有的业务往来企业比重

资料来源：韩国金融监督院。

（2）银行审批技术信用贷款时，要求提供担保的比重在持续增加，接近一般中小企业贷款的担保比重。

与政府决心扩大纯粹的信用贷款相反[1]，2017 年 6 月的统计数据显示，担保贷款的比重为 71.7%，高于 2015 年 4 月的 59.8%（见附图 10）。根据相关分析，这个比重接近于一般中小企业的担保贷款比重（73.0%，2017 年 3 月的统计数据），"技术融资徒有其表"的问题依然存在。

---

[1]　韩国金融委员会在 2015 年 6 月发表的"技术融资体系化及制度改善方案"中表明，为了使技术信用贷款实现质的增长，将增加信用贷款部门。

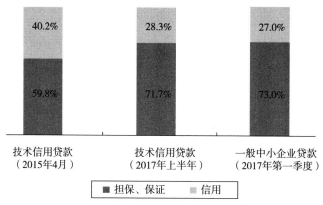

附图 10　各种类型的技术信用贷款比重

资料来源：韩国金融监督院。

2. 风险投资对公共部门高依赖度

（1）韩国的风险投资生态系统对政府提供投资资金的"韩国母基金"（Fund of Funds）有着很高的依赖度。

公共部门为了构建稳定的风险投资资金供应体系，在 2005 年设立了韩国母基金①。目前该基金由韩国风险投资株式会社运作。

根据 2017 年的统计数据，公共部门的风险投资出资额比重为 39.6%（见附图 11），其中母基金作为最大出资者（占比 65.7%），一直致力于促进风险投资（见附图 12）。

（2）以投资组合的运作费作为主要收入来源的风险投资公司，为了运营多数的投资基金，会从属于投资规模较大的公共部门。

风险投资公司的主要收入来源是投资组合的运作费，只有运作多数的投资组合才能维持经营。因此多数风险投资公司为了被选为规模较大的母基金的投资组合运营公司而展开竞争。

与发掘有潜力的企业并通过企业创造收益相比，风险投资公司更注重通过投资组合赚取手续费。

---

①　母基金是根据政策目的事先确定被投资行业、成立年限、投资比率、出资比例等，然后再招募、选定风险投资公司的结构。此外母基金还具有监管功能，对风险投资生态系统产生的影响较大。

（万亿韩元）

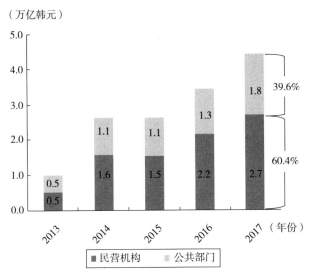

附图 11 2013~2017 年各类投资者的投资趋势

注：民营部门包括风险投资公司、养老基金、金融机构等。公共部门包括母基金、产业银行、成长阶梯基金等。

资料来源：中小高新技术企业部。

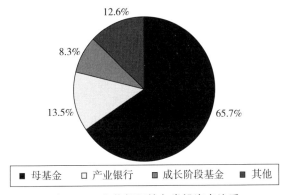

附图 12 公共部门的各类投资者比重

资料来源：中小高新技术企业部（2017）。

这种风险投资生态系统是风险投资公司更倾向于稳定投资而不是冒险投资的原因。

风险投资公司更倾向于投资处于创业中后期的企业。与投资普通股票相比，更倾向于投资可赎回可转换优先股（Redeemable Convertible

Preferred Stock，RCPS）或可转换债券（Convertible Bond，CB）、附认股权证公司债券（Bond with Warrant，BW）等。

2016年投资可赎回可转换优先股（RCPS）、可转换债券（CB）及附认股权证公司债券（BW）比重分别为：61.5%、48.4%、13.1%。

    3. 对创业初期企业的投资低迷

（1）韩国对创业初期企业的风险投资额和投资业务量均低于经合组织（OECD）成员国的平均值。

在2016年的风险投资额中，对创业初期企业的投资额比重为36.8%[①]，仅为中后期企业投资额比重（63.2%）的一半左右。该比重仅为经合组织成员国平均初期阶段投资额比重（68.2%）的一半以下（见附表4）。由此可知，韩国对创业初期企业的投资非常低迷。

附表4　主要国家的各创业阶段风险投资比重　　　　单位: %

国家	投资额		投资业务量	
	初期	中后期	初期	中后期
德国	48.5	51.5	81.9	18.1
日本	85.0	15.0	50.2	49.8
美国	39.0	61.0	74.1	25.9
以色列	70.4	29.6	82.9	17.1
韩国	36.8	63.2	45.9	54.1
OECD	68.2	31.8	80.3	19.7

    注：① 该表格是2016年的统计数据，但是以色列使用了2014年的统计数据。日本的投资业务量比重使用了2016年上半年的统计数据。② 韩国未按照创业阶段进行统计，因此计算了创业未满三年的创业初期企业与三年以上企业的比率。

    资料来源: OECD、日本高新技术企业中心、韩国高新技术企业协会。

    根据相关分析，2016年对创业初期企业的风险投资业务量比重，经合组织成员国为80.3%，而韩国仅为45.9%。[②]

————————————

    ① 根据韩国金融研究院（2017）的分析，项目性投资每年达到4000亿韩元。因此实际对创业未满三年的创业初期企业投资的比重不到10%的水平。

    ② 包括经合组织在内的世界各国按照种子期（Seed）、早期（Early Stage）、成长期（Expansion）、成熟期（Later Stage）等技术产业化阶段进行统计，但是韩国按照创业后的年数进行分类统计。

（2）韩国主要投资创业初期企业的天使投资规模也很小。

韩国天使投资的投资金额是 1.5 亿美元，是美国的 1/140，欧洲的 1/50，规模非常小。

美国的天使投资额是风险投资额的 1/3，欧洲的天使投资额大于风险投资额，而韩国仅为风险投资额的 1/8（见附图 13）。

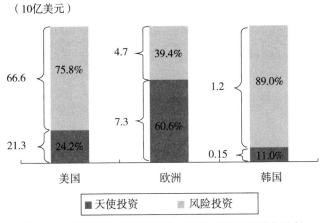

（10亿美元）

附图 13　主要国家和组织的各创业阶段风险投资额比较

注：① 风险投资额使用了经合组织的统计数据。② 风险投资额使用了各调查机构的统计数据，欧洲包含了部分非 OECD 会员国（汇率为 2016 年的平均汇率）。

资料来源：OECD、CVR（美国）、eban（欧洲）、韩国天使投资协会（韩国）。

4. 狭小的"中间回收市场"

（1）企业并购（M&A）是最有代表性的"中间回收"手段。而韩国的并购市场与发达国家相比，规模非常小。

美国与欧洲作为风险投资创业很发达的国家和组织，企业并购市场比首次公开募股（IPO）市场活跃。而相对发展较晚的中国也比韩国的市场大。

根据道琼斯公司 2017 年的数据，2016 年美国和欧洲的企业并购及首次公开募股的相对比重分别为 97.0% 和 95.8%。而韩国仅为 10.3%，比重较小，是中国企业并购比重（22.9%）的一半水平 [1]（见附图 14）。

———————

① 　M&A 及 IPO 的相对比重是 M&A 交易金额在 IPO 和 M&A 交易金额合计中所占的比重。

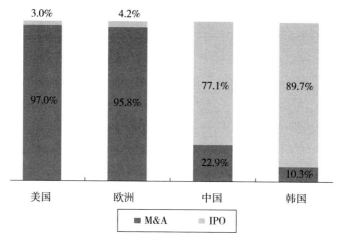

附图 14　主要国家和组织的 M&A 及 IPO 交易金额相对比重

注：① 以上数据是 2016 年的统计数据。② 以上数据是通过风险投资公司获得投资企业的 M&A 及 IPO 交易金额的相对比重。

资料来源：道琼斯、韩国风险投资公司协会。

（2）其他的"中间回收市场"还处于未成熟阶段，交易规模不大。韩国的代表性"中间回收市场"有韩国新交易所（Korea New Exchange，KONEX）、K-OTC 与二级市场基金（Secondary Fund）。其中，最早引入的二级市场基金于 2010 年成立，韩国新交易所于 2013 年开业，K-OTC于 2014 年扩张并重组。目前这些"中间回收市场"仍处于市场初期阶段。

2016 年韩国新交易所（KONEX）的市场交易额为 6069 亿韩元，K-OTC 的交易额为 1591 亿韩元，二级市场基金的募集金额为 5650 亿韩元。三个市场的总规模为 13000 亿韩元（见附图 15）。

根据韩国风险投资公司协会相关资料，2016 年韩国新交易所和 K-OTC 的交易额占整个"回收市场"规模的 10.6%，二级市场基金的规模相当于 2016 年风险投资组合规模的 3.2%。①

① "回收市场"规模通过 IPO 市场规模（19666 亿韩元）除以市场比重（27.1%）得出（72568 亿韩元）。2016 年风险投资公司的投资组合规模是 2015 年末组合募集金额（143313 亿韩元）和新组合募集金额（31 998 亿韩元）的合计金额（175311 亿韩元）。

（亿韩元）

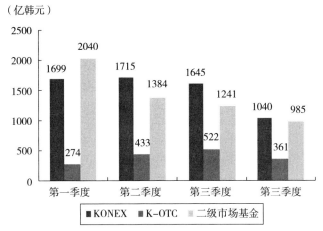

附图 15　2016 年各类中间回收市场交易额

注：二级市场基金的统计数据是各季度的新募集金额。

资料来源：韩国交易所、K-OCT、韩国风险投资公司协会。

九、启示

为使拥有先进技术的创新企业不因资金原因被淘汰，有必要升级技术融资系统。

（1）应改善系统，使技术信用贷款以实际的技术评估为基础给企业提供服务。

技术信用贷款规模的快速增长是民营商业银行按照国家政策执行的结果，其局限性正在显现。

目前技术信用贷款更注重的是信用，而不是技术实力。并且要求提供的担保比例正在不断增加，使技术融资的功能正在丧失。因此需要进行严格的管理。

审核企业贷款时，应进一步扩大技术评估的比重，制定以定性评估为中心的技术信用贷款供应指导方针。

提供技术信用贷款后，应将企业的成果作为业绩评估标准，并确认是否将资金恰当地分配给企业。

（2）为了营造民营机构主导的风险投资生态系统，需要完善相关制度及改善投资环境。

风险投资已习惯接受公共部门主导的基金支持，正在变为保守投资及依赖于运作费的投资形态。

像韩国母基金一样的由公共部门主导的基金，应该对创业初期企业或者虽然技术溢出效应及技术本身的优势明显，但是风险高的高新技术企业等市场盲区提供支持，发挥作为公共部门的作用。

韩国的风险投资额在经合组织成员国中属于较高水平，但是与以色列、美国相比，差距较大。因此需要持续扩张，尤其要积极引进民营有限责任合伙人和海外有限责任合伙人。

（3）需要为创业初期企业大幅增加技术融资。

在韩国的技术融资环境中，创业初期企业很难提供担保和以企业成果为基础的信用等。就像死亡之谷（Valley of Death）一样，融资问题主要发生在创业初期，因此需要政府的积极介入。

保守投资倾向较弱的天使投资者或加速器对处于创业初期的企业进行投资的可能性较大，因此需要阶段性地进行培养。

提高技术信用评级机构的评估可信度，提高对技术实力的评估比重，逐步恢复仅靠技术实力就可以筹措资金的技术融资的初衷。

（4）探索可发展冒险资本的"回收市场"促进方案。

促进"回收市场"是能够实现冒险性投资的首要条件，是调整目前间接金融偏高结构的有效手段。

"中间回收市场"可以鼓励天使投资者、加速器等自有资本比重较高的投资者参与投资。因此有必要大幅增加二级市场基金等政策基金。此外，还要制定可以积极运用普通个人投资者的方案，如众筹、P2P融资等。

此外，还有必要培养中小风险投资公司的企业并购专业机构，解决优秀技术的发掘及信息不对称的问题，以此促使大企业参与并购。

参考文献 ———————

［1］Allen J., Reichheld F., Hamilton B., Markey R.Closing the Delivery Gap：How to Achieve True Customer-led Growth［EB/OL］.Bain & Company. October 5，2005.http：//www.bain.com/publications/articles/closing-the-delivery-gap-newsletter.aspx.

［2］Anson，Weston and Donna Suchy.Fundamentals of Intellectual Property Valuation：A Primer for Identifying and Determining Value［R］.American Bar Association，2005.

［3］Boer，F.Peter.The Valuation of Technology［M］.New York：John Wiley & Sons，1999.

［4］Catty，James P.Guide to Fair Value under IFRS［M］.New York：John Wiley & Sons，2010.

［5］Chen Yijun.Construction and Application of the Technology-based SMEs Credit Risk Assessment Index System［C］.2018 International Conference on Economy Management and Entrepreneurship，2018.

［6］Cho Keeheon.Market Valuation of Technology Firms in KOSDAQ［C］. Asian Society for Innovation and Policy Malaysian Conference，2014.

［7］Cho Keeheon.Market Valuation of Technology Firms in KOSDAQ［J］. Asian Journal of Innovation and Policy，2014（3-2）：172-192.

［8］Cho Keeheon.Market Valuation of Technology Firms in KOSPI［C］.4th Int'l Forum on New Development of Valuation Beijing China，2014.

［9］Cho Keeheon.Comparison of the Valuation of Technology Firms in KOSPI and KOSDAQ［J］.Asian Journal of Innovation and Policy，2015（4-1）：35-54.

［10］Di Wang，Zuoquan Zhang.Credit Scoring Using Information Fusion

Technique［C］.7th International Conference on Digital Home，2018.

［11］IVSC.International Valuation Standards 2017［R］.International Valuation Standard Council，2017.

［12］Ju Yonghan.Technology Credit Scoring Based on a Quantification Method［J］.Journal of Sustainability，2017（9）：1057.

［13］Lee J.W.A Study on Suitability of Technology Appraisal Model in Technology Financing［J］.Korea Technology Innovation Society，2017，20（2）：292-312.

［14］Monica Gupta.SME Finance［J］.Journal of Management，2019,6（3）：134-139.

［15］Porter，Michael E.Competitive Advantage［M］.New York：Free Press，1985.

［16］Razgaitis，Richard.Valuation and Dealmaking of Technology-Based Intellectual Property：Principles，Methods，and Tools［M］.New Jersey：John Wiley & Sons，2009.

［17］Reilly，Robert.The Valuation of Proprietary Technology［J］.Management Accounting，1998，79（7）：45-49.

［18］Reilly，Robert and Robert Schweihs.Valuing Intangible Assets［M］.New York：McGraw-Hill，1999.

［19］Shirley Akhabonje. Factors Affecting Access to Credit By Small and Medium Enterprises［J］. Valley International Journals，2016，3（10）：2904-2917.

［20］Smith，Gordon and Russell Parr. Valuation of Intellectual Property and Intangible Assets［M］. New York：John Wiley & Sons，2000.

［21］［韩］崔成宪.国内技术金融现状及启示［R］.现代经济研究院，2018.

［22］韩国注册会计师协会.价值评估服务执行标准［R］.韩国注册会计师协会，2008.

［23］韩国企业技术价值评价协会.2015企业技术价值评估标准与全球标准［R］.韩国企业技术价值评价协会，2015.

［24］韩国企业技术价值评价协会.企业技术价值评估师培训教材［R］.韩国企业技术价值评价协会，2019.

［25］韩国产业银行.市场环境分析［R］.韩国产业银行，2005.

［26］〔韩〕金在范等.技术信用评估模型的可行性验证［C］.韩国经营科学会，2005.

［27］〔韩〕金载千等.通过中小企业的技术实力评估提升信用等级的可行性研究［J］.技术创新研究，2018.

［28］〔韩〕金泰浩等.中小企业的技术等级评估与财务成果之间的相关性［J］.大韩经营协会学术刊物，2009.

［29］〔韩〕李基荣.国内中小企业信用担保制度的评估及改编方向［J］.韩国公共财政杂志（The Korean Journal of Public Finance），2006：203-229.

［30］〔韩〕李在植等.关于技术融资市场中可靠的技术评估信息与信用评估信息之间最佳结合的研究［J］.韩国数字政策协会，2017：199-208.

［31］〔韩〕李俊元等.技术实力评估模型的技术融资应用适合性研究［J］.韩国技术创新学会，2017：292-312.

［32］〔韩〕李俊元.技术融资中小企业与普通中小企业的经营成果比较分析［J］.韩国创新学会，2019.

［33］〔韩〕李辙钦.技术信用评估模型的现状及发展方向［R］.韩国信用信息院，2018.

［34］〔韩〕林亨峻.应用技术信息的中小企业信用评估质量提升方案［R］.韩国金融研究院，2014.

［35］〔韩〕刘日根.商业性分析与经营战略［M］.萤雪出版社，2005.

［36］〔韩〕柳泰奎等.促进技术融资的技术信用评估系统的发展方向［R］.韩国知识产权研究院，2014.

［37］〔韩〕朴昌钧等.应用技术实力评估信息进行的中小技术企业破产预测与政策应用方案［R］.韩国金融研究院，2015.

［38］〔韩〕朴铉瑀等.技术产业化的理论与案例［R］.韩国企业技术价值评价协会，2017.

［39］〔韩〕全佑廷等.应用广义增强模型的技术信用评估主要指标分析［J］.韩国电子交易学会，2017：159-173.

［40］〔韩〕申东浩.高效的技术信用信息的计算、提供及应用方案［J］.韩国金融工程协会，2015：97-127.

［41］〔韩〕薛成秀，朴铉瑀，〔美〕James P. Catty.技术价值评估案例研究［R］.韩国企业技术价值评价协会，2013.

［42］〔韩〕赵基宪.韩国股票市场的技术企业价值评估分析［D］.韩南大学博士学位论文，2015.

［43］〔韩〕赵益哲，Baek Unsu，Kim Hansu.商业性分析［R］.韩国金融研修院，2013.

结　语

　　为了使读者更好地理解技术信用评估，本书对技术产业化、技术评估、信用评估的基本定义和技术信用评估的业务流程、技术信用等级的构成、技术信用评级公司的构成等进行了详细地整理。

　　信用评估一般是金融机构等专业信用评级机构通过分析各种环境，对特定企业的信用程度进行的判断。另外，一般的投资者也会参考信用评估信息，并以此作为判断投资与否的重要依据。一般情况下，信用评估是信用评级机构通过判断相应企业以筹集资金为目的发行的债券等方面的本息或利息，能否在约定期限内顺利偿还来进行分级的方法。

　　投资者和债券发行主体之间存在信息不对称（Asymmetric Information）现象，因此信用评估制度是有必要存在的。仅靠企业公开的信息很难判断未来的偿还能力，而且投资者的分析能力有限，做出决策还需要时间和费用，因此经常担心投资资金损失。而且债券发行企业对自身信用的不当评估也会对企业运营产生影响。因此，以诚信为基础的准确的信用评估，会站在中立的立场提供信用风险信息。这将消除二者之间的信息不对称性，不仅对双方有利，并且还能为资本市场的发展做出贡献。

　　目前，以创新技术为基础的创业企业正在不断增加。大部分企业是成立不到五年的初创企业，因此只以财务信息为基础来判断其信用是不够准确的。虽然目前这些企业的财务状态不太好，但是它们拥有先进的技术，未来的发展可能性也很高。因此，对于以技术为基础的企业，应该客观反映正确的技术内容后再进行评估。这就是技术信用评估存在的意义。

　　技术信用评估在信用评估的概念中反映了技术性因素，因此可以实现更实质性的评估。在企业的立场上，技术信用评估能使其得到更准确的评估，从而提高产业化成功的可能性。而在投资者的立场上，技术信用评估能使其减少投资风险因素。技术信用评估有多种评估方法。信用评级机构或金融机构等投资机构以自身的评估方法为基础，设定了系统性的技术信用等级。这些方法的共同特点是对经营者、经营战略或财务状况、技术、人力资源及经营管理状态、在市场中成功的可能性等多种因素全部进行了评估，而且这些内容都比较相似。

　　评估这些项目并评定企业的技术信用等级时，仅以绝对的数值来评级是不够准确的，应该按照产业类别、行业类别得出反映其特点的相对值。为此，不仅要获得符合目前情况的众多企业的数据，还要取得各专业评估机构的内部标准和评估方法。

　　本书详述了基本且又必不可少的评估项目内容和金融机构使用的评估项目及方法、诊断企业实力的方法以及用于投资的技术评估方法。希望本书能成为构建最佳评估模型、最大限度地减少投资风险、最大限度地使企业的产业化成功的基本指南。更进一步说，本书将为政府构建相关系统提供积极支持，并为建立制度性生态系统和培养专业人员、通过促进技术市场实现长期产业发展及巩固全球领导地位等做出贡献。